LES ANTINOMIES

ENTRE

L'INDIVIDU ET LA SOCIÉTÉ

LIBRAIRIE FÉLIX ALCAN

OUVRAGES DU MÊME AUTEUR

BIBLIOTHÈQUE DE PHILOSOPHIE CONTEMPORAINE

Précis de sociologie, 5e édition. 1 vol. in-16. . . . . . 2 fr. 50

La sensibilité individualiste. 1 vol. in-16. . . . . . . 2 fr. 50

Combat pour l'individu. 1 vol. in-8. . . . . 3 fr. 75

LES ANTINOMIES

ENTRE

L'INDIVIDU ET LA SOCIÉTÉ

PAR

G. PALANTE

Agrégé de philosophie.

PARIS

LIBRAIRIE FÉLIX ALCAN

108, BOULEVARD SAINT-GERMAIN, 108

1913

LES ANTINOMIES
ENTRE L'INDIVIDU ET LA SOCIÉTÉ

CHAPITRE PREMIER

LE PROBLÈME DES ANTINOMIES

La vie sociale ne va pas sans de nombreux conflits entre l'individu et la société. Nous voudrions étudier les principaux de ces conflits.

Pour préciser les idées, disons d'abord ce que nous entendons par individu et par société.

Par société nous entendons non pas seulement l'État, mais l'ensemble des cercles sociaux de toute sorte auxquels peut participer un individu, ainsi que les relations complexes où il se trouve engagé par suite de cette participation. Nous n'érigeons pas la société en être de raison, que ce soit pour la diviniser ou pour l'anathématiser. La société est un système plus ou moins compliqué de relations sociales au sein desquelles un individu humain est appelé à vivre. Ce milieu social exerce sur l'individu un nombre considérable d'influences qui s'entre-lacent et s'enchevêtrent de toutes façons, qui tantôt s'additionnent et se renforcent et tantôt s'opposent et se neutralisent, mais qui dans tous les cas, agissent sur l'individu soit pour favoriser, soit pour entraver son développement.

Il est utile également d'indiquer ce que nous entendons par individu.

Il n'est pas question d'opposer ici à la société l'homme primitif, l'homme de la nature de Rousseau, chimérique idéal de bonté naturelle, expression naïve d'un optimisme naturaliste suranné. Il n'est pas question davantage de poser en face de la société l'individualité humaine conçue à la manière de Kant et de Fichte comme une unité absolue, une essence spirituelle, identique chez tous les êtres humains. De telles unités seraient interchangeables et ne présenteraient nulle particularité qualitative qui fût susceptible de les différencier les unes des autres. Il ne peut être question non plus d'opposer à la société un individu absolument isolé et indépendant, vivant en dehors de toute société, un individu nullement façonné ni influencé par la société. Un tel individu est introuvable. Car il faut reconnaître que la conscience individuelle est toujours pour une bonne part le reflet des mœurs et des opinions de son milieu, même quand elle est en réaction contre ces opinions et ces mœurs.

L'individu que nous opposons à la société est l'individu tel qu'il nous est donné en fait au sein de la société, informé en partie par elle. — Mais à côté de la partie qui, dans l'individu, est façonnée par les influences sociales passées ou présentes, il y a un fond physiologique et psychologique qui lui est propre et qui apparaît comme un résidu irréductible aux influences sociales.

Tels sont les deux termes en présence.

Nous allons étudier les antinomies entre l'individu et la société en les rangeant sous les titres suivants : antinomies psychologiques, esthétiques, pédagogiques, économiques, politiques, juridiques, sociologiques et morales.

Le fondement de l'individualisme étant la reconnaissance d'une antinomie essentielle entre l'individu et la société, nous serons amenés, après avoir étudié les diverses antinomies, à nous demander quelle espèce d'individualisme elles autorisent.

CHAPITRE II

L'ANTINOMIE PSYCHOLOGIQUE
L'ANTINOMIE DANS LA VIE INTELLECTUELLE

Antinomies qui se posent dans la vie intellectuelle. — Origine et
genèse de l'intelligence. — Antinomie de l'intuition et de la
notion. — L'idée de vérité dans ses rapports avec la sociabilité.
— Y a-t-il une vérité objective au nom de laquelle le groupe
puisse demander à l'individu un acte de soumission intellectuelle? — Impossibilité d'une orthodoxie. — L'intelligence est-
elle un principe de sociabilité? — L'individualisme intellectuel.
— Deux formes de cet individualisme. — L'individualisme stirnérien. — Critique de cet individualisme. — L'individualisme
aristocratique. — Critique de cet individualisme. — Comment
l'individualisme aristocratique se convertit en pessimisme et en
individualisme spectaculaire. — Résumé des antinomies intel-
tuelles.

La question qui se pose ici est celle des rapports
de la vie spirituelle avec l'état de société. La vie
spirituelle, considérée sous son triple aspect, intelligence, sentiment, volonté, est-elle réductible aux
influences sociales? Est-elle favorisée ou contrariée
par elles et dans quelle mesure?

Si la société fournit à l'activité psychologique un
point d'appui et un aliment nécessaire, peut-on
méconnaître d'autre part qu'elle contrarie en nous

nombre de tendances, qu'elle limite ou dévie beaucoup d'aptitudes, qu'elle froisse beaucoup de sentiments et réprime beaucoup de désirs?

Nous considérerons l'intelligence à trois points de vue :

1° Dans ses origines et dans sa genèse ;

2° Dans son objet (la vérité) ;

3° Dans sa fin ou son idéal.

A ces différents points de vue nous nous trouverons en présence de deux séries de doctrines. Les unes, sociologiques, regardent l'intelligence comme un produit social et assignent à la connaissance une fin et une valeur exclusivement ou essentiellement sociales. Elles subordonnent à tous égards l'intelligence à la sociabilité. Dans cette hypothèse, il ne peut être question, bien entendu, d'une antinomie entre l'esprit individuel et l'esprit social.

D'autres théories, individualistes, opposent l'individualité à la sociabilité dans l'ordre de la connaissance. De ce point de vue, on regardera l'intelligence comme originairement individualisée par la physiologie de l'individu ; on fera consister la vérité non dans le consentement unanime des intelligences, mais dans l'évidence d'une intuition individuelle ; on admettra la possibilité d'une certaine insociabilité intellectuelle en vertu de laquelle on se refusera à mettre la curiosité scientifique ou philosophique au service des fins sociales. La vérité scientifique ou philosophique n'est pas forcément un moyen en vue de la sociabilité (unité sociale, bonheur collectif, rationalisation collective de l'humanité ou d'une fraction importante de l'humanité). Pour l'adepte de l'individualisme intellectuel la vérité peut être un simple moyen de satisfaction logique ou esthétique, sans aucun rapport nécessaire avec les fins sociales. La spéculation peut être une sorte de sport de la pensée, une sorte de jeu supérieur ; elle peut revêtir des formes sociales ou antisociales : dilettantisme philosophique et scientifique ; attitude spectaculaire du contemplateur insoucieux et dédaigneux des intérêts sociaux.

*
* *

L'esprit individuel est-il réductible à l'esprit social? Oui, répondent MM. Durkheim et Draghicesco.

Partisans résolus du monisme sociologique, ces penseurs atténuent le plus possible l'action des influences irréductibles à la socialité : physiologie, hérédité, race. Ils s'efforcent de tout réduire au déterminisme social.

Dans son désir de déprécier la physiologie au profit de la socialité, M. Durkheim s'attache à montrer l'indépendance relative des phénomènes de la pensée à l'égard des conditions cérébrales [1].

1. Durkheim. *Représentation individuelle et représentation collec-*

M. Draghicesco adopte une attitude analogue. Il rejette l'épiphénoménisme physiologique de Maudsley et de M. Ribot et s'il ne va pas jusqu'au spiritualisme, il accepte du moins une sorte de transposition du spiritualisme kantien, en attribuant à la socialité l'avènement des formes supérieures de l'intellectualité humaine pour lesquelles Kant réclamait un substratum spirituel. La socialité est pour lui le principe de spiritualisation par excellence ; c'est elle qui fait sortir notre pensée des limbes de la matière.

Selon M. Draghicesco, en effet, le cerveau, organe de luxe par rapport au milieu physique, apparaît comme un organe de première nécessité par rapport au milieu social[1]. De là à dire qu'il a été suscité, et créé par ce milieu lui-même et par la nécessité de s'y adapter, il n'y a qu'un pas. La cérébralité, chez les animaux supérieurs et chez l'homme, est un produit du milieu social. Le milieu et le besoin de s'y adapter ont transformé et comme créé l'organe. « La conscience, conclut M. Draghicesco, est un phénomène social et on peut lui donner comme base la réalité expérimentale de la société ; on peut la concevoir comme un phénomène social incarné, qui

---

tive ; Revue de métaphysique, 1898, p. 281. (Cité par M. Draghicesco ; *Le rôle de l'Individu dans le déterminisme social,* p. 166. (Paris, F. Alcan.)

1. Draghicesco. *L'Individu dans le déterminisme social,* p. 165.

a dû s'inscrire dans l'organisme, se traduire en langage psychologique[1]. » Ce n'est pas la socialité qui est un effet de la cérébralité humaine ; c'est la cérébralité humaine qui est un effet de la vie sociale. A la théorie de la conscience épiphénomène de la physiologie, M. Draghicesco substitue la théorie de la conscience épiphénomène de la vie sociale.

La cause de la différence entre les animaux et l'homme n'est nullement la supériorité physiologique de ce dernier. « Par nature, l'organisme humain devait être aussi rigide que celui des animaux[2]. » La condition nouvelle, supplémentaire, qui a contribué à le rendre souple, impressionnable, c'est-à-dire conscient, n'est autre que la vie sociale. « La condition essentielle qui établit la différence entre l'homme et les animaux vient de ce que l'homme vit et se développe dans des sociétés grandissantes, énormes, tandis que l'animal est la plupart du temps isolé, ou bien vit en bandes, de tout temps stationnaires et très restreintes. Pour l'homme, dans le cours de l'histoire et grâce au processus d'intégration sociale, il se forme, à côté et au-dessus du milieu physique, un nouveau milieu dont l'importance dépasse infiniment celle du milieu cosmique. Apparu dans ce milieu, l'homme tel que l'adaptation au milieu cosmique et l'évolution purement physio-

1. Draghicesco. *L'individu dans le déterminisme social*, p. 172.
2. Draghicesco. *Loc. cit.*, p. 142.

logique l'ont modelé, doit s'adapter à ce nouveau milieu... »[1]. Graduellement, grâce à cette nouvelle adaptation historico-sociale, la rigidité organique primitive a cédé la place à une plasticité croissante. Ainsi, voilà la différence cérébrale entre l'homme et l'animal ramenée à une différence de milieu social.

Comme la physiologie dont elle n'est qu'un aspect, l'hérédité apparaît comme un facteur extrasocial qui gêne le sociologisme exclusif de M. Draghicesco. C'est contre elle que vont être maintenant dirigées ses attaques. — Si M. Draghicesco ne va pas jusqu'à admettre la théorie absolue de Weismann sur la non-transmissibilité des variations individuelles acquises, il admet une théorie mitoyenne qui peut se formuler ainsi : « L'hérédité des caractères acquis est sûre et incontestable lorsque les conditions externes qui les ont provoqués sont permanentes et simples ; elle est impossible lorsque ces mêmes conditions sont mobiles et complexes[2]. » La conséquence de cette loi au point de vue de l'individualité humaine soumise aux influences de la vie sociale est que, comme la mobilité et la complexité du milieu est en raison directe de l'intégration sociale, le développement social a pour résultat nécessaire le regrès de l'hérédité des caractères acquis. « Il est évident que la complication et la mobilité sociales ont pour résultat

---

1. Draghicesco. *Loc. cit.*, p. 143.
2. Draghicesco. *Loc. cit.*, p. 63.

immédiat de contrecarrer la loi de l'hérédité, et de rendre impossible l'hérédité des caractères acquis. On comprend maintenant pourquoi la question ne comporte et ne comportera pas, encore longtemps, de solution... Le processus de l'intégration sociale est loin d'avoir touché à sa fin. S'il était fini, la discussion n'aurait pas lieu ; car la complexité et l'instabilité sociales, poussées à la limite, auraient à jamais rendu impossible l'hérédité des caractères acquis et par cela même auraient confirmé la théorie de Weismann. Cette dernière n'en reste pas moins virtuellement vraie, malgré le démenti que lui donne le présent... Le regrès de l'hérédité des caractères acquis est un fait nécessaire ; il est même déjà constatable. L'homme commence à devenir de plus en plus une *table rase ;* il ne transmet à ses descendants qu'un germe indifférencié des aptitudes élémentaires, et les qualités d'une génération tombent à zéro dans la génération suivante... Par suite l'homme civilisé est de plus en plus plastique, indéterminé, malléable, souplé, de moins en moins différencié et individualisé, résistant. Non seulement de nouvelles associations organiques, des aptitudes nouvelles organiques, de nouveaux instincts ne peuvent plus se former, mais encore presque toutes les aptitudes et tous les instincts que présente l'homme antérieur à la civilisation sont dissous. Les propriétés organiques se désorganisent sous le choc des réactions sociales de toutes sortes : pénalités politiques, juridiques, plus ou moins violentes, pénalités pédagogiques ou morales. La moralité, dit Guyau, est l'affranchissement des instincts animaux et de toute passion... Mais en même temps que se dissolvent les tendances et les instincts contrariés, c'est-à-dire à mesure que ces associations d'aptitudes organiques innées cèdent aux changements extérieurs, se désorganisent et que l'homme devient plastique, la réflexion fait son apparition ; la conscience, la raison se font jour pour prendre la place vacante laissée par les instincts et les aptitudes innées. La souplesse et l'indétermination physiologiques ont pour cortège la conscience de soi et la réflexion. Instinct et raison sont deux phénomènes incompatibles... et comme la dissolution des instincts est l'effet du processus social, la conscience réfléchie est due à la même cause. Nous pouvons dire, désormais, que la conscience réfléchie est un aspect du processus social ou bien qu'elle est l'expression d'un genre de déterminisme nouveau, le déterminisme social [1]. » Ainsi, par le processus social s'évanouit toute différence, toute inégalité et toute diversité originelles entre les individus. Ceux-ci ne seront bientôt plus que ces grains de sable dont parle Nietzsche, également ronds, lisses et polis,

_____

1. Draghicesco. *L'Individu dans le déterminisme social*, pp. 66 et 67.

identiques, indiscernables et interchangeables.

. Telles sont les conclusions de M. Draghicesco. Toutes les notions qui supposent un déterminisme antésocial ou extrasocial, la physiologie, l'hérédité, la race, s'évanouissent, absorbées dans ce facteur unique : la socialité.

La théorie de M. Draghicesco est intéressante en ce qu'elle représente le sociologisme poussé à l'extrême, le monisme social absolu. Elle est intéressante encore par la tendance qu'elle révèle. Le but de l'attitude de M. Draghicesco est visible. Ce philosophe est un partisan décidé de l'éducationnisme. Éducation, hérédité, ces deux termes lui apparaissent comme antinomiques ; il veut supprimer le second au profit du premier. Son scepticisme à l'endroit de l'hérédité correspond à un acte de foi fanatique dans la vertu de l'éducation.

Il y a une part de vérité dans cette théorie. Mais il y a aussi une grande part d'exagération. La part de vérité d'abord. Il faut reconnaître que l'individu isolé n'existe pas et que les influences sociales interviennent incessamment dans la formation et l'évolution des consciences individuelles.

D'un autre côté, il y a dans la thèse de M. Draghicesco une part d'exagération qui consiste à faire de la conscience individuelle un simple reflet des influences sociales et à éliminer de l'être humain tout ce qui n'est pas la socialité.

Nous croyons qu'il convient de réhabiliter contre les partisans du sociologisme absolu la physiologie, l'hérédité et la race.

Voyons d'abord ce qu'il faut penser de la physiologie, en particulier du cerveau. Ce qu'il y a d'étrange dans la conception de M. Draghicesco, c'est que le cerveau y est à la fois la condition et l'effet de la vie sociale. Comme son organe, il la conditionne et pourtant, d'après M. Draghicesco, il lui doit son existence ; il est suscité et créé par la socialité. Double rapport difficilement intelligible et quelque peu contradictoire.

Le cerveau n'est rien de plus, d'après M. Draghicesco, qu'une simple forme réceptive, un lieu de passage et de concentration des influences émanées du milieu social. La supériorité de la cérébralité humaine sur la cérébralité animale tient uniquement au volume plus considérable, à la plus grande complication, à la plus grande mobilité, à la différenciation et à l'intégration croissantes des sociétés humaines. C'est oublier que le cerveau humain n'est pas soumis uniquement aux influences sociales.

Il faut distinguer, de l'aveu de M. Draghicesco, trois sortes de milieux pour l'homme : l'organisme, le monde extérieur, la société. En admettant, comme le prétend ce philosophe, que « l'organisme est un milieu qui peut s'exprimer en fonction des deux autres [1] », il reste en présence ces deux autres milieux : le milieu physique et le milieu social. Le cerveau concentre et synthétise les actions de ces deux milieux différents et irréductibles. C'est donc qu'il n'est pas le produit exclusif du milieu social. Il faut donc lui attribuer une certaine spontanéité propre en vertu de laquelle il combine les impressions de nature hétérogène [2] qui lui viennent de ces deux milieux, les coordonne, les unifie et les systématise.

Il est peu vraisemblable que la supériorité intellectuelle de l'homme tienne uniquement aux conditions sociales dans lesquelles a évolué l'espèce humaine. Il y a des espèces animales qui ont une vie et une organisation sociales très perfectionnées, avec une division du travail très avancée, par exemple les abeilles et les fourmis. Nous ne voyons pas que ces espèces manifestent une intelligence supérieure à celle d'autres espèces animales où l'individu vit solitaire ou réduit au groupement familial ou à un groupement social très faiblement organisé. Au contraire, ces êtres, si merveilleux par leur instinct, n'ont aucune intelligence individuelle, ne sont

1. Draghicesco. *Op. cit.*, p. 140.

2. M. Draghicesco note cette différence : Les choses qui nous sont hostiles dans le monde physique, immobile, ne sont jamais que des obstacles ; on tourne l'obstacle. — Ce qui est hostile dans le monde social vous fait la chasse, vous poursuit, vous attaque, l'opposition devient une lutte.

susceptibles d'aucune innovation, d'aucune improvisation personnelle. Si les vues de M. Draghicesco sur le développement futur de la société sont exactes, c'est à l'annihilation de toute intelligence différenciée et individualisée que marcherait l'humanité. Il ne resterait plus à la fin qu'une sorte de raison collective, anonyme, impersonnelle, se réfléchissant d'une façon uniforme dans les consciences individuelles, c'est-à-dire quelque chose d'analogue à ce qu'est l'instinct chez les espèces qui n'ont qu'une existence sociale. L'idéal de l'humanité serait la fourmilière.

Il est vrai que les sociétés humaines sont plus amples, plus mobiles, plus différenciées que les sociétés animales, ce qui, d'après M. Draghicesco, explique l'apparition de l'intelligence individualisée. Mais il s'agit de savoir où est ici la cause et où est l'effet. Or M. Draghicesco nous semble prendre l'effet pour la cause quand il affirme que la complexité des intelligences individuelles provient de la complexité croissante de l'évolution sociale. C'est le contraire qui semble vrai. La raison de la complexité et de la différenciation croissantes de la société est dans les inventions de plus en plus multipliées parmi nous. Mais l'invention est un fait biologique et psychologique avant d'être un fait social ; elle est l'œuvre d'un cerveau déterminé et non d'une vague socialité.

Le fond de l'explication sociologique est le prétendu parallélisme qu'on veut établir entre l'évolution sociale d'une part et d'autre part le degré de perfectionnement et d'affinement des intelligences. Mais il n'y a pas de commune mesure entre ces deux choses. Les formes et les nuances des intelligences individuelles sont trop délicates et trop subtiles pour pouvoir être expliquées par ce grossier parallélisme. M. Draghicesco se contente d'une psychologie par trop simplifiée. Il ne veut voir que les aspects généraux et les lois abstraites de la vie psychologique ; il veut ignorer les profondeurs et les intimités du moi telles qu'elles se révèlent dans les consciences très individualisées, telles que celles des grands méditateurs, des grands poètes, des grands artistes, un Pascal, un Vigny, un Amiel. Ces consciences subissent bien des influences sociales divergentes ou contradictoires ; elles sont tiraillées en sens divers et divisées par elles ; mais chacune de ces intelligences a sa façon personnelle de solutionner les conflits d'idées ; chacune a sa logique particulière qui dépend étroitement de la sensibilité à laquelle elle est liée.

Le triomphe de cette psychologie abstraite est la conception de cette raison impersonnelle, idéal et point d'aboutissement d'une humanité parfaitement socialisée. Conception purement négative, car cette raison ne se définit que par la suppression de toute particularité mentale individuelle. — Mais la raison existe-t-elle jamais à l'état pur? Ne s'individualise-t-elle pas en chacun de nous? Ne pose-t-elle pas à chacun des problèmes particuliers? Ne suggère-t-elle pas à chacun une vision particulière du monde? Avec les idées sociales discordantes chaque esprit ne se compose-t-il pas une unité mentale originale qui diffère de celle du voisin? — Le microcosme psychologique ne peut s'expliquer par le macrocosme social infiniment grossier et surtout inharmonique et incohérent. L'intelligence est seule capable de concevoir l'unité ; seule elle est capable de l'introduire dans le monde social. Ce besoin d'unité propre à l'intelligence s'explique bien plutôt par cet appareil nerveux perfectionné et centralisé qu'est le cerveau humain que par les actions des harmoniques des différents milieux sociaux qui enchevêtrent leurs influences autour de l'individu. — Dira-t-on que l'école physiologique n'invoque que des correspondances psychobiologiques et que des correspondances ne sont pas des explications? Mais le procédé qui consiste à invoquer des correspondances est légitime et scientifique sauf quand on en use d'une manière aussi arbitraire que M. Draghicesco. Ce sociologue n'invoque-t-il pas à l'appui de sa thèse les correspondances les plus fantaisistes? On peut citer comme exemple la transposition sociologique des catégories de Kant devenant chez M. Draghicesco l'expression mentale des quatre principales formes d'association :

la famille, l'école, l'usine et la caserne ! — Mais le caractère aventureux de pareilles correspondances ne doit pas nous faire condamner en général le procédé qui consiste à noter des corrélations régulières entre phénomènes d'ordre différent, comme celles qui sont constatables entre certains états du cerveau et certains états de pensée.

Les vues de M. Draghicesco sur le regrès de l'hérédité ne sont pas moins contestables. Après avoir accordé que l'hérédité agit dans les sociétés simples, ce sociologue affirme que son rôle devient nul dans les sociétés plus complexes.

Mais de ce que l'hérédité devient plus difficile à déterminer dans les sociétés complexes, à cause de la richesse accrue des mentalités individuelles, il ne s'ensuit nullement qu'elle n'existe pas. Elle est seulement plus difficile à mesurer et à prévoir. Où d'ailleurs fixer la limite entre les sociétés où l'hérédité agit et celles où elle n'agit plus ? De quel droit nier son action ici après l'avoir admise là ? Beaucoup de physiologistes ne croient pas à l'influence diminuée de l'hérédité. « Il faut, dit M. Le Dantec, tenir grand compte des influences héréditaires individuelles livrées aux hasards inextricables de l'amphimixie ou mélange des deux éléments sexuels[1]. »

M. Draghicesco adopte à l'égard de la race une

1. Le Dantec. *Les influences ancestrales.*

attitude analogue à celle qu'il a prise vis-à-vis de l'hérédité. Il combat en elle un principe possible de différenciation individuelle, principe restrictif ou limitatif de l'éducationnisme et de l'humanisme nive-leurs. Assurément ce n'est qu'en un sens très général que la race peut être regardée comme un principe de différenciation. Et même à certains égards elle peut être regardée comme un principe d'unification. Dans une certaine période de la vie de l'humanité, quand il y avait des races nettement délimitées, la race était une marque commune de vastes groupements d'hommes. Cela est si vrai que M. de Gobineau regarde la race comme le seul fondement possible d'une unité intellectuelle et morale véritable. Il croit que tous les essais d'unification fondés sur l'action de l'esprit, sur l'influence des religions et des morales sont insuffisants, superficiels et sans avenir. Seule, d'après lui, la race unifie les intelligences.

Mais pour M. Draghicesco qui est un niveleur farouche, l'idée de race est encore un élément regrettable de différenciation. Pour M. Draghicesco, l'unité ethnique, l'unité nationale est encore une trop grande concession à la diversité ; il faut s'en tenir à l'unité humaine, à la fusion non seulement des individus au sein d'une même race ou d'une même nation, mais de tous les peuples au sein d'une même humanité socialisée sinon dans le passé, sinon même dans le présent, du moins dans l'avenir, grâce aux progrès de l'éducation et de la morale.

M. Draghicesco a-t-il raison ou bien l'idée de race répond-elle à une réalité? Constitue-t-elle un principe réel de différenciation et jusqu'à quel point?

Nous ne voulons pas défendre l'idée de race en histoire au moment où presque tous les historiens l'ont abandonnée et ont jugé son influence inappréciable sur les institutions politiques[1].

Mais de ce que les historiens ont démontré qu'il est vain d'essayer de déterminer l'action de la race sur les institutions politiques et qu'on ne doit plus en histoire parler de races, il ne faut pas conclure que physiologiquement les races n'ont jamais existé. Il ne faut pas davantage en conclure que les races, au temps où elles étaient pures et séparées, n'ont pas eu d'influence sur la mentalité des peuples.

Dans les races existant aujourd'hui, les races jaunes, les races noires et les races blanches, il est évident que les différences physiques de ces races sont accompagnées de différences intellectuelles. Ces différences ont été admirablement étudiées par de Gobineau dans son livre sur l'*Inégalité des races humaines*[2].

---

1. Voir Fustel de Coulanges. *Histoire des Institutions politiques*. Renan, après avoir accordé un certain rôle historique à l'idée de race (dans *La Poésie des races celtiques*), renonce plus tard à cette idée (Discours sur l'idée de patrie).

2. Selon de Gobineau, la poésie des races blanches supérieures

Aujourd'hui, l'idée de race, sauf lorsqu'il s'agit d'établir des distinctions entre les trois grandes races, ne peut servir à étayer aucune théorie ethnique ayant une valeur scientifique. Les races sont trop mélangées pour qu'au sein des peuples blancs on puisse déterminer avec précision les qualités intellectuelles qui correspondaient autrefois aux races bien tranchées. Il n'en reste pas moins que l'action de la physiologie sur les intelligences est tout aussi considérable qu'autrefois. Aujourd'hui que les races sont mélangées, l'influence de la race se confond avec celle de l'hérédité. Chacun des générateurs, résumant en lui une infinité d'influences ethniques indéterminables lègue à son produit un nombre infini de dispositions singulières. Sous l'influence des métissages, les différences physiologiques se sont multipliées à l'infini et ont produit des différences intellectuelles natives que M. Draghicesco juge à tort négligeables. Il croit, au nom d'une réfutation vague de l'idée de race, avoir le droit d'oublier les travaux des physiologistes modernes sur les différences intellectuelles produites par l'héré-

serait la poésie épique ; celle des races noires, la poésie lyrique ; la poésie grecque, mélange de poésie lyrique et de poésie épique n'a pu exister que parce que le peuple grec n'appartenait pas à la race aryane pure et qu'il entrait dans le sang grec à la fois un élément blanc et un élément noir. — La qualité intellectuelle des races blanches supérieures (races nordiques) serait la supériorité du jugement; la race hindoue se caractériserait par l'imagination débordante et par la puissance d'abstraction ; la race jaune par le sens de l'utilité.

dité. Il les reconnaît sans doute pour le passé, mais il les nie pour l'avenir. Conclusion arbitraire ; car il suffit d'admettre que les races furent autrefois un élément de différenciation mesurable pour être obligé d'accorder qu'aujourd'hui elles restent encore un élément de différenciation, difficile à déterminer, il est vrai, et à mesurer dans le détail. Beaucoup de différences dues à l'hérédité ont leur origine dans des différences de races. C'en est assez pour qu'on soit fondé à voir dans la race combinée avec l'hérédité un principe important de différenciation mentale [1].

Bien qu'il ait négligé de parti pris toutes les raisons de différenciation ethnique et physiologique susceptibles d'agir comme causes de différenciation intellectuelle, M. Draghicesco prétend ne supprimer nullement le rôle de l'individu, mais au contraire

1. De Gobineau, partisan de l'inégalité des races, admet en principe que des individualités fortes ne peuvent naître que d'une race pure, en particulier de la race blanche supérieure, la race nordique ou scandinave dont il décrit la psychologie dans son *Ottar Jarl*. Aujourd'hui que les races sont mélangées, les individualités fortes sont rares. Toutefois de Gobineau admet que les soubresauts de l'atavisme, les combinaisons inattendues de l'hérédité peuvent faire surgir, même dans notre société de métis, certains individus porteurs d'une hérédité privilégiée, ceux que Gobineau appelle des « Fils de roi » (voir le roman des *Pléiades*).

Un théoricien contemporain de l'individualisme dit à propos de Gobineau : « Aujourd'hui que les races sont mélangées, l'inégalité ethnique s'est individualisée et la philosophie de l'individualisme aristocratique, subissant la même évolution, a pris la défense, non plus de groupements ethniques, mais des individualités fortes menacées par les passions envieuses des faibles ». (Albert Schatz. *L'Individualisme économique et social*, p. 540.)

lui faire une large part. D'après lui, en effet, l'individu est l'agent nécessaire du progrès social, l'incarnation vivante et active du déterminisme social. « L'exemple des hommes politiques, dit-il, prouve jusqu'à l'évidence que l'individu pèse pour quelque chose dans la détermination sociale et qu'il n'est pas l'instrument aveugle, l'esclave de la société qui le dépasserait toujours de beaucoup. Objecte-t-on que le pouvoir de ces individus sur la société est au fond presque illusoire, parce que leur situation spéciale fait qu'ils se confondent en quelque sorte avec la société elle-même, parce que c'est la société et non pas leurs propres pouvoirs qui donne à leurs projets toute l'efficacité indispensable ; nous devons reconnaître la justesse de cette remarque, mais constater aussi que l'individu a bien la possibilité de se confondre avec la société, au point que sa volonté et la nécessité sociale ne fassent qu'un. Ce fait indéniable prouve bien non seulement qu'il n'y a aucune *antinomie* profonde entre l'individu et la société, mais que leur séparation ne peut être conçue[1]. » — Qui ne voit que cette solution de l'antinomie est un pur trompe-l'œil et qu'elle aboutit simplement à nier l'individu et à l'absorber dans le déterminisme social ? Cela revient à dire que l'individu n'a pas le pouvoir de penser par lui-même ; qu'il ne pense que

---

1. Draghicesco. *L'Individu dans le déterminisme social*, p. 17.

par la société, c'est-à-dire, en définitive, qu'il est d'autant plus lui-même qu'il est plus les autres. « Comme cette indétermination des individus, remarque M. Draghicesco, découle du développement du processus social, il s'ensuit que plus est avancé le processus de l'intégration sociale, plus aussi l'individu prend place au centre du déterminisme social ; plus il s'identifie avec la société ; plus il acquiert une sorte de toute-puissance sur elle [1]. »

La théorie de M. Draghicesco sur le rôle de l'individu se résume dans ce singulier raisonnement : l'individu est quelque chose, puisque sans lui le déterminisme social ne se réalise pas ; et d'autre part il n'est rien, puisqu'il n'accomplit une œuvre quelconque qu'à la condition de s'identifier avec la pensée sociale. — Nous répondrons que s'il y a des individus dont l'intelligence n'est en effet qu'un reflet de la mentalité sociale, il y en a aussi d'autres chez qui la formation physiologique est assez ferme pour que l'originalité de pensée qui en résulte résiste à la pression sociale et à la loi qui veut que le nombre prime la qualité. — La seule originalité que M. Draghicesco reconnaisse à l'individu, c'est l'originalité de l'unification et de l'obéissance. Ceci revient à dire : plus on ressemble aux autres, plus

_____
1. Draghicesco. *Loc. cit.*, p. 75.

on s'en distingue. C'est un jeu de mots puéril et contradictoire sur le mot originalité.

Naturellement, M. Draghicesco, partisan de la loi du nombre, prend ses exemples dans la catégorie d'hommes qui réalisent le mieux son idéal du grand homme : les politiciens démocrates, et il arrive à cette énormité qui consiste à faire du vote populaire la mesure de la supériorité d'un homme et le signe d'élection du génie. « Quant à la source du pouvoir que le grand homme exerce sur ses admirateurs, elle est assez manifeste, puisqu'il est méthodiquement acquis dans les cas les plus simples. Le pouvoir que le député influent ou le ministre exercent sur leurs admirateurs, ils le détiennent au moyen d'un mécanisme bien connu de ces mêmes admirateurs. C'est, en effet, le vote des citoyens qui a investi le député et le ministre de leur puissance et par suite de leur prestige. Il n'y a pas jusqu'au degré du pouvoir qui ne provienne du même mécanisme ; car le nombre des votes réunis, directement ou indirectement, mesure les limites du pouvoir dont disposeront les personnages respectifs et par suite l'étendue même de leur prestige, la profondeur de leur génie [1]. » Ainsi non seulement le nombre est la source du génie ; mais il en est la mesure. Renan n'a pas de meilleur juge qu'un cantonnier de village.

----

1. Draghicesco. *Op. cit.*, p. 279.

Conséquence rigoureusement logique des prémisses de M. Draghicesco. Puisque l'esprit supérieur s'identifie à l'esprit vulgaire, il est supérieur précisément dans la mesure où il s'assimile davantage à l'esprit de la masse. M. Draghicesco a parfaitement raison de faire du cantonnier le juge de Renan. Et la beauté de ce raisonnement consiste en ce que, le principe de M. Draghicesco admis, le lecteur ne peut plus affirmer qu'il y a une différence réelle entre le cantonnier et Renan.

Nous arrivons à la conclusion de cette discussion. Les raisons qui nous ont conduit à accorder à l'individu une certaine réalité physiologique et psychologique indépendante de la socialité entraînent comme conséquence la possibilité théorique d'une antinomie entre l'individu et la société. L'antinomie résulte de ce fait que l'individu n'étant pas un simple produit social, mais impliquant d'autres éléments (physiologie, hérédité, race) capables d'influer sur son intelligence, on conçoit qu'il puisse se produire une désharmonie plus ou moins profonde entre la pensée individuelle et la pensée du groupe. Cette désharmonie sera d'autant plus accentuée, qu'on aura affaire à des esprits mieux différenciés et plus individualisés.

M. Draghicesco ne nie pas positivement l'existence d'une antinomie entre l'individu et la société ; mais, selon lui, ces antinomies ne sont que provisoires.

Elles tiennent à une adaptation incomplète, à une évolution inachevée de l'intelligence individuelle. Plus tard, quand l'évolution sera achevée, l'intelligence individuelle se sera résorbée intégralement dans l'esprit social. Par le fonctionnement bienfaisant de la loi d'adaptation et d'intégration sociales, l'individualité sera complètement abolie et l'antinomie résolue. Ce sera le règne de l'*homo sapiens*, de l'homme rationalisé, impersonnel. Toute originalité de pensée sera atténuée ou supprimée.

Pour nous l'antinomie est irréductible ; les deux termes : socialité et originalité s'excluent et M. Draghicesco semble lui-même donner raison à cette opinion en supprimant, au terme de l'évolution, la pensée individuelle au profit de la pensée sociale.

L'antinomie se solutionne par l'anéantissement d'un des deux termes antagonistes.

En résumé et en conclusion, la thèse qui consiste à faire de l'intelligence un produit des influences sociales et pédagogiques nous paraît très exagérée. Dire avec M. Draghicesco que la perception est d'origine sociale, c'est oublier la supériorité bien connue des sens du sauvage sur ceux de l'homme civilisé. — Autre chose est dire — ce qui est raisonnable. — qu'on peut jusqu'à un certain point éduquer les sens de l'enfant ; autre chose est aller jusqu'à attribuer notre faculté perceptive et presque nos organes sensoriels eux-mêmes à un dressage social poursuivi pendant des siècles.

Dire encore avec M. Draghicesco que l'école crée la faculté d'attention, c'est méconnaître ce simple fait d'observation courante chez ceux qui ont la pratique de l'enseignement : l'énorme différence dans la puissance d'attention qu'on peut remarquer chez les enfants, différence qui a sans aucun doute sa racine dans l'organisation native, nerveuse et même musculaire de l'enfant. L'énergie de son attention spontanée dépend moins assurément des suggestions scolaires et de la parole du maître, si éloquente et si persuasive soit-elle, que des goûts de l'enfant qui font qu'il s'intéresse à ceci ou à cela.

La tendance à regarder toutes les facultés intellectuelles comme apprises, comme acquises, comme suggérées par l'éducation relève toujours de la même erreur qui consiste à vouloir tout expliquer par la socialité et à ne faire aucune part aux différenciations congénitales de l'individu. L'intelligence tout entière se ramènerait à l'éducation et au langage. Certes personne ne songe à contester l'importance du langage dans l'évolution de l'intelligence comme instrument d'élucidation des idées. Mais l'éducation et le langage ne sont pas tout. Il y a dans la constitution native de l'individu quelque chose qui limite l'action de l'éducation et qui individualise en chacun la pensée sociale exprimée dans le langage.

⁎
⁎ ⁎

Considérons en effet non plus la genèse de l'intelligence, mais les modes suivant lesquels elle s'exerce. Nous allons retrouver une autre antinomie entre l'individualité et la socialité.

Les deux modes selon lesquels l'intelligence s'exerce sont l'intuition et la notion. On les a opposées parfois l'une à l'autre comme deux termes antithétiques : l'une représentant la pensée individuelle ; l'autre représentant la pensée sociale. Jusqu'à quel point cette opposition est-elle fondée ?

La réponse à cette question dépend de la manière dont on entend l'intuition. L'entend-on comme l'entend M. Bergson ? On ne peut alors interpréter l'opposition de l'intuition à la notion comme une opposition de la pensée individuelle à la pensée sociale capable de justifier une théorie d'égotisme et d'insociabilité intellectuelle.

Sans doute M. Bergson oppose bien en un certain sens le moi individuel au moi social. Il suppose par delà notre moi empirique et engagé dans la vie sociale un moi pur, extraspatial et extrasocial, réédition plus subtile du moi transcendant de Kant et de Fichte. — Le fondement métaphysique de la vie sociale, d'après M. Bergson, c'est la démarche illusoire autant qu'inévitable par laquelle la conscience pure s'est déroulée dans l'espace. Mais par delà cette conscience spatiale et sociale, il y a en nous le moi pur, soustrait à l'espace et aux relations sociales qui se développent dans l'espace. Et c'est ce moi profond, mystérieux ; c'est cette partie inaccessible et voilée de nous-mêmes qui constitue notre être véritable. C'est là que se passe le drame silencieux et insaisissable, intraduisible en mots, de notre existence. — Il semblerait donc résulter de cette hypothèse que toute la vie sociale restât en dehors de notre existence vraie et qu'elle dût être pour nous sans intérêt véritable comme elle est sans réalité essentielle.

N'exagérons pas toutefois le caractère asocial de l'intuition bergsonienne et n'attribuons pas surtout à cette philosophie un caractère antisocial qu'elle n'a pas. Ce serait se méprendre que d'interpréter l'opposition bergsonienne des deux *moi* dans un sens égoïste ou individualiste et d'en faire le principe d'une sorte de solipsisme intellectuel.

Transcendantalisme n'est pas individualisme ; tant s'en faut. — Individualiste, à la rigueur, comment M. Bergson pourrait-il l'être ? Ne soustrait-il pas précisément son moi pur au principe d'individuation (espace) ? N'abolit-il pas en conséquence, dans cette partie profonde de nous-mêmes le sentiment de l'individualité ? — En ce sens l'intuition de M. Bergson ne peut nous conduire à opposer le moi égoïste à autrui, l'individu à la société. Bien plus, le transcendantalisme de M. Bergson, comme celui d'Emerson ou celui de M. Mæterlinck, aboutirait assez logiquement à la conception d'une société idéale des âmes unies spirituellement dans un mode d'existence supérieur où les barrières de l'individualité seraient tombées, à la conception d'une communion transcendantale des *moi*, dans l'acte religieux ou dans l'acte esthétique.

Un pas de plus et les adeptes de cette philosophie inviteraient peut-être l'individu empirique à voir dans la société de ses semblables un symbole imparfait, une approximation lointaine de cette société idéale et ils nous exhorteraient à sacrifier notre égoïsme sinon à la société réelle, du moins à la société humaine idéale. Quoi qu'il en soit, la conception transcendantaliste de l'intuition ne permet pas d'opposer le moi à autrui, la pensée individuelle à la pensée sociale. Elle n'autorise pas une attitude d'insociabilité intellectuelle.

Mais on peut entendre autrement l'intuition. On peut s'en faire une conception empirique, telle que celle qu'expose Schopenhauer dans son chapitre sur les *Rapports de l'intuitif et de l'abstrait* et dans son chapitre sur le *Ridicule*[1], ou telle que la for-

---

1. Dans le 3ᵉ volume du *Monde comme volonté*. — Ailleurs, il est vrai, Schopenhauer admet l'existence d'une autre intuition, mystique, transcendantale, qui aurait pour effet de faire tomber pour nous le voile de l'individualité et de nous révéler la radicale

mule M. Ribot quand il oppose l'expérience affective directement sentie à la connaissance abstraite et conceptuelle. Ici l'intuition n'est rien autre chose que l'expérience personnelle, immédiatement sentie, en tant qu'elle s'oppose à la notion inculquée. Cette intuition empirique n'exclut pas, comme l'autre, le principe d'individuation, mais le suppose au contraire ; car elle est la vision concrète, sentie et vécue, du monde social empiriquement donné, avec ses conflits de toute espèce entre des êtres animés d'intérêts opposés et de passions hostiles. Cette intuition, d'autre part, ne mutile plus notre moi individuel comme le faisait l'intuition bergsonnienne qui rejetait hors de la vie spirituelle véritable non seulement la vie sociale proprement dite, mais aussi la vie des sens et de l'imagination ; elle nous fait appréhender directement notre moi égoïste et passionné et le pose dans toute l'ardeur de son vouloir-vivre individuel en face des autres *moi*.

Cette dernière intuition est à nos yeux la seule intéressante, parce qu'elle est la seule que nous expérimentions véritablement en nous. L'intuition

---

identité de tous les êtres, ainsi que le fatalisme mystérieux qui fait dépendre notre destinée individuelle de la destinée de l'ensemble des êtres. (Cf. *Le fondement de la morale* et le chapitre des *Parerga* intitulé : *De l'apparente préméditation qui règne dans la destinée de chacun*.) Nous négligeons ici, dans la philosophie de Schopenhauer, la conception transcendantaliste de l'intuition pour ne considérer que la conception empirique qui peut être gardée, croyons-nous, indépendamment de l'autre.

n'a de sens pour nous qu'à la condition de s'alimenter à la source de la vie, dans notre sensibilité personnelle, dans notre personnelle manière de sentir et de réagir, dans nos passions, nos joies et nos douleurs, dans toute notre nature sensible, spontanée et primesautière. A partir de l'instant où l'intuition s'éloigne de cette source personnelle pour se hausser et se guinder vers l'idée pure ou l'acte pur ou quelque autre révélation transcendantale, elle se perd, qu'on le veuille ou non, dans l'abstraction et le verbalisme. Elle sert simplement à échafauder de vains édifices dialectiques. Il faut remarquer que l'intuition transcendantaliste n'a rien à voir avec les conditions de l'œuvre d'art et du plaisir que nous cause celle-ci. Quand on parle d'un écrivain intuitif, cette expression ne signifie pas que cet écrivain nous fait pénétrer dans je ne sais quelle région où le principe d'individuation ainsi que les autres conditions de la connaissance empirique seraient supprimés ; mais simplement qu'il sait voir dans le monde donné des choses que les autres ne sont pas capables d'y voir ; cela signifie qu'il a une façon à lui, personnelle et géniale, de percevoir et de rendre le monde. Si des écrivains transcendantalistes et mystiques tels qu'Emerson ou M. Mæterlinck nous attirent si puissamment, ce n'est pas que nous leur demandions d'être pour nous des révélateurs de l'absolu, des introducteurs dans l'au-delà métaphysique, c'est que nous voyons en eux des hommes dont le regard pénètre plus avant que le nôtre dans les réalités au milieu desquelles nous vivons, des hommes pourvus d'un don exceptionnel de divination psychologique et sociale.

Expression directe d'une physiologie individuelle, marquée d'un sceau authentique d'unicité et de véracité, l'intuition heurte de front les notions communes et en dévoile à nos yeux la vanité. Par là elle est la source de l'ironie qui nous fait tourner en dérision soit nos semblables, soit nous-mêmes, en tant que vivant en société et nourris des idées sociales conventionnelles. L'ironie enveloppe un plaisir spécial : celui que nous goûtons à voir la pensée sociale prise en défaut par l'intuition individuelle. L'ironie est comme une revanche de notre expérience personnelle sur les mensonges éducatifs ; sur ce que Carlyle appelle les ouï-dire. Nous jouissons intellectuellement de cette revanche, quand bien même elle nous coûterait quelque désagrément personnel. Le triomphe de l'intuition sur la notion, c'est en définitive le triomphe de ce qu'il y a d'individuel et d'intime en nous sur ce qu'il y a de social et de conventionnel. Dans l'ironie, le moi individuel et le moi social se dédoublent et le premier se moque du second [1].

1. Sur ce dédoublement des deux moi dans l'ironie, voir Taine, *Derniers essais de critique et d'histoire*, p. 208 (à propos de Mérimée).

En résumé, le conflit de l'intuition et de la notion est au fond le conflit du « sens propre » et du sens commun; de l'esprit individuel et de l'esprit social. Ce conflit éclate fatalement un jour ou l'autre dans l'esprit de tout homme qui sait voir la vie par lui-même. Chez beaucoup, il est vrai, la faculté intuitive reste silencieuse, étouffée qu'elle est par les notions toutes faites mises en nous presque à notre insu par la société. Celles-ci vont se consolidant en nous, à mesure que le besoin de sentir et de penser par soi-même s'affaiblit, faute de s'exercer. Chez plus d'un, la pensée sociale s'installe de bonne heure en maîtresse absolue; elle dit à l'intuition comme Tartufe à Orgon :

> La maison est à moi ; c'est à vous d'en sortir.

L'intuition est, en un sens, un principe d'individualisme et comme de solipsisme intellectuel. Car elle est unique, incommunicable ou très incomplètement communicable[1]. Deux hommes n'ont jamais exactement la même intuition du même spectacle ni du même événement. Deux hommes ne la rendent jamais exactement non plus de la même façon. Du

---

1. « Seule, dit Schopenhauer, la connaissance bâtarde, la connaissance abstraite, celle des concepts, peut se communiquer immédiatement, sans condition. Elle n'est que l'ombre de la véritable connaissance. Si l'intuition pouvait se communiquer, la communication en vaudrait la peine ; mais en définitive, nous ne pouvons sortir de notre peau ; il faut que nous restions enfermés chacun dans notre crâne, sans pouvoir nous venir en aide les uns aux autres (*Monde comme volonté*, t. II).

point de vue de l'intuition, je ne dois pas parler de la vérité ; je dois dire, avec Stirner : « Ma vérité. »

*
* *

Mais, dira-t-on, n'y a-t-il pas une vérité objective au nom de laquelle un groupe peut s'arroger le droit de discipliner intellectuellement l'individu et d'exiger de lui une pleine et entière soumission d'esprit ?

Nombre de philosophes ont admis l'existence d'une semblable vérité. C'est pourquoi, avant d'aller plus loin, nous devons examiner leurs prétentions.

On peut distinguer deux définitions de la vérité : l'une dans laquelle on définit la vérité en termes purement intellectuels (parfaite clarté et distinction des idées, accord de la pensée avec les choses, accord de nos jugements entre eux). C'est la définition intellectualiste où rationaliste. L'autre, dans laquelle on définit la vérité en fonction de son utilité humaine, de son efficacité pratique. C'est la définition pragmatiste. Mais, qu'on la définisse en termes intellectualistes ou en termes pragmatistes, l'idée de vérité semble capable d'assumer un rôle social : celui d'un principe unificateur des intelligences, d'un principe de discipline intellectuelle et de cohésion sociale. L'idée de vérité a été de tout temps la citadelle des dogmatismes sociaux, la pierre angulaire des orthodoxies religieuses, philosophiques, scientifiques et morales.

Comme il y a deux façons de définir la vérité, la façon intellectualiste et la façon pragmatiste, plaçons-nous successivement à ces deux points de vue pour examiner les prétentions de l'idée de vérité à exercer une hégémonie sociale.

On peut distinguer deux formes d'intellectualisme ou de rationalisme : le rationalisme *a priori* ou métaphysique et le rationalisme *a posteriori* ou scientifique. Dans le rationalisme *apriori*, l'Idée ou la vérité est une révélation de Dieu ou de la raison. Ce dogmatisme *a priori* a trouvé son expression éthique et sociale chez un Platon et chez un Kant traçant le plan l'un de sa cité idéale, l'autre de sa République des Fins. — Mais il est évident que de telles conceptions n'ont aucun caractère socialement impératif; elles sont l'œuvre d'un cerveau individuel auquel un autre cerveau peut opposer légitimement une vérité différente.

Les partisans d'une vérité impersonnelle et objective croient pouvoir trouver un refuge pour elle dans la seconde forme d'intellectualisme que nous avons distinguée : le rationalisme *a posteriori* ou scientifique.

C'est en effet cette seconde forme de rationalisme qui aspire aujourd'hui à l'hégémonie sociale.

Pour apprécier la valeur de cette prétention, nous

poserons cette double question : 1° La science en général ; 2° la science sociale en particulier peut-elle aspirer légitimement à exercer le magistère social qu'on réclame pour elles ?

En ce qui concerne la science en général, il nous faut faire une distinction entre deux façons de l'entendre. On peut entendre d'abord une science idéale, au sens où Berthelot et Renan prenaient ce mot, science totale ou du moins aspirant à la totalité de la connaissance et se flattant de solutionner une fois pour toutes les questions relatives à l'univers et à l'homme. On peut entendre aussi par science les recherches scientifiques particulières, sortes de techniques raisonnées portant sur une portion définie de la réalité.

Il va de soi que c'est la science dans le premier sens, la science avec un grand S, la science idéale qu'ont en vue la plupart du temps les scientistes, quand ils prétendent tirer de leur dogmatisme scientifique un dogmatisme social et moral. — Nous ne nous attarderons pas à discuter cette conception chimérique de la science ni la philosophie politique et sociale qu'on croit pouvoir fonder pour elle. Cette conception de la science rentre dans ce rationalisme métaphysique dont nous avons dit plus haut l'inanité.

Passons au second sens du mot science. Il s'agit ici des sciences spéciales considérées en dehors de toute prétention unitaire. Un physicien, un chimiste, un biologiste, quand ils parlent de la science, entendent par là leur science particulière, c'est-à-dire un ensemble de recherches et de résultats valables pour eux à un certain moment et dans de certaines limites. Je dis : à un certain moment ; car les sciences particulières sont en perpétuelle évolution et une découverte insoupçonnable peut bouleverser demain les vérités les mieux établies. — On ne voit pas comment la science ainsi entendue pourrait aspirer à exercer un magistère intellectuel ; on ne voit pas comment la chimie par exemple, pourrait conférer un sacerdoce même à un savant de la valeur d'un Berthelot.

Mais la sociologie, dira-t-on. N'est-elle pas tout indiquée pour jouer ce rôle ? — Ici encore on ne voit pas comment des recherches, si instructives qu'elles soient, sur les sociétés australiennes, africaines, ou même européennes, ou encore quelques lois sociologiques très générales, telles que la loi de la division du travail social ou la loi de l'intégration sociale progressive, ou la loi de l'entrecroisement des groupes sociaux, pourraient servir à unifier et à discipliner la pensée collective. — Les jugements de valeur, portés par les sociologues restent d'ordre subjectif et reflètent seulement des préférences individuelles. — Démocratie ou aristocratie ? Égalité ou inégalité ? Altruisme ou égoïsme ? Contrainte ou liberté? Solidarité ou individualisme? Comment opter? La fin à poursuivre est-elle le bonheur ou la grandeur? L'assimilation ou la différenciation de la race humaine? L'idéal est-il l'ascension glorieuse de quelques individualités d'élite ou la montée lente et pénible du grand nombre? — Ce sont des raisons sentimentales, non des raisons scientifiques qui ont jusqu'ici servi à trancher ces questions. En sociologie, plus qu'ailleurs, ce sont des sentiments qu'on rencontre au début et au terme des raisonnements.

Certes, la sociologie, considérée comme un ensemble de recherches positives sur la vie des sociétés, a une valeur scientifique. Mais quand elle essaie de formuler des conclusions générales d'ordre éthique, quand elle essaie d'établir une échelle des valeurs individuelles et des valeurs sociales, la sociologie scientifique se transforme en métaphysique sociale; elle tend, comme vers sa limite, à ce monisme sociologique dont nous avons trouvé l'expression chez M. Draghicesco et dont l'assurance autoritaire n'a d'égale que l'insuffisance scientifique.

En présence de l'échec du rationalisme scientiste et du rationalisme sociologique, tournons-nous vers les pragmatistes et demandons-nous s'il n'est pas possible, du point de vue pragmatiste, d'établir l'existence d'une vérité objective susceptible d'unifier les intelligences.

A première vue, l'existence d'une vérité objective ne semble pas incompatible avec le pragmatisme. Admettre avec Nietzsche que les principes les plus généraux de la pensée sont l'expression d'une utilité spécifique et héréditaire ; avec M. Poincaré, que les mathématiques elles-mêmes relèvent du principe de commodité ; bref admettre que notre connaissance est tout entière fonction de notre utilité vitale ou de notre utilité intellectuelle, cette dernière n'étant elle-même qu'une forme de notre utilité vitale, admettre, dis-je, tout cela, ce n'est pas compromettre l'objectivité de la vérité scientifique. Car l'utilité dont dérivent les principes de la pensée semble aujourd'hui suffisamment stable pour qu'on soit fondé à tenir ces principes pour définitifs.

Toutefois un doute reste possible au sujet de cette objectivité. Même quand il s'agit des propositions les plus générales, sur lesquelles semble se faire l'accord de tous les individus, on considérera que, d'après l'hypothèse pragmatiste, ce n'est pas la vérité objective d'une proposition qui impose cette proposition aux différents esprits ; mais c'est la conformité psychologique de ces esprits eux-mêmes qui les oblige à suivre une même vérité. Et ce n'est que dans la mesure où cette conformité psychologique existe entre les individus qu'ils seront contraints d'admettre les mêmes vérités.

Or, quand on passe des principes les plus généraux de la pensée aux vérités de l'ordre social, le critérium pragmatiste devient d'une extrême subjectivité. Quoi de plus variable ici que l'utilité et de quelle utilité s'agit-il? De l'utilité de l'individu ou de celle du groupe? Ici, la réponse sera, plus évidemment encore que dans les philosophies rationalistes, d'ordre personnel et sentimental.

M. Brunetière se déclare le champion de l'utilité sociale et fait de l'aptitude moralisatrice d'une philosophie le critérium de sa vérité intrinsèque[1]. Cela est parfaitement logique du point de vue où se place ce penseur ; mais non moins logique, est l'attitude du pragmatiste égotiste qui adopte la maxime des sophistes et de Stirner : « Ne t'en laisse pas imposer » et qui répète avec eux : « L'homme, l'individu, est la mesure de toutes choses. »

L'attitude des uns et des autres est justifiée dans

1. Voir Brunetière : *A propos du Disciple* (Revue des Deux Mondes du 1er juillet 1889. Nous y trouvons le passage suivant : « Comment ces écrivains peuvent-ils mettre à si haut prix les vérités qu'ils proclament, que de n'avoir égard, en les répandant, ni au scandale qu'elles soulèvent, ni à ce qu'elles ébranlent d'autres vérités peut-être, ni aux conséquences qui en sortiront!... En vain ont-ils raisonné le mieux du monde, leurs conclusions doivent être fausses parce qu'elles sont dangereuses... C'est que c'est la morale qui juge les métaphysiques, attendu qu'une métaphysique n'est rien de plus qu'une recherche de l'origine, de la loi et de la fin des hommes. » Cf. aussi l'article : *Question de morale* (Revue des Deux Mondes du 1er septembre 1889).

la mesure où elle leur « réussit ». Car, dans le pragmatisme, la vérité est une « réussite ».

Un conflit apparaît ici comme possible et même comme nécessaire entre deux pragmatismes : un pragmatisme social dans lequel on prend comme mesure de la vérité l'utilité sociale et un pragmatisme individualiste ou égotiste dans lequel on prend comme mesure de la vérité l'utilité individuelle ou même la fantaisie et le caprice individuels[1]. Comme les deux utilités, l'utilité sociale et l'utilité individuelle sont loin de toujours coïncider, il peut se produire un conflit entre les deux vérités comme entre les deux utilités. Un penseur qui sera animé de sentiments anti-sociaux trouvera utile, intéressante, agréable et par conséquent vraie une conception de la vie qui s'harmonisera avec ses désirs antisociaux. Ce sera le contraire pour un penseur chez lequel les tendances sociales l'emporteront.

N'insistons pas davantage sur l'absence ou l'impossibilité d'une vérité objective et susceptible d'unifier et de discipliner la pensée individuelle et la pensée collective. Aussi bien notre but est-il moins de démontrer l'inanité du concept de vérité que d'établir la proposition suivante : à supposer qu'une vérité objective existât, elle serait incapable de

---

1. Voir comme illustration de cette conception d'un pragmatisme égotiste, la curieuse étude de M. J. Bourdeau intitulée *Un sophistique du pragmatisme* et consacrée au pragmatisme italien et à M. Prezzolini (*Pragmatisme et modernisme*, p. 84 et sqq.).

fonder un accord mental réel, une véritable orthodoxie.

*
* *

La raison générale qui rend impossible une orthodoxie quelle qu'elle soit, religieuse, philosophique,
scientifique, politique, etc., c'est la loi physiologique
qui veut que deux cerveaux ne pensent jamais exactement de la même façon. Il y a là une cause d'unicité
mentale, d'individualisme intellectuel irréductible.
L'histoire de toutes les orthodoxies attesterait partout
le même fait. Les défenseurs des orthodoxies ont eu
beau exiger un conformisme de pensée rigoureux ;
ils n'ont jamais obtenu qu'un conformisme apparent.
Ils ont dû se rendre compte qu'en dépit de leur désir
d'uniformité, il subsistait toujours des différences
entre deux façons de penser.

Résignés à cette fatalité, ils en sont venus à chercher des moyens de créer une orthodoxie apparente.
Le disciple continuait à penser autrement que son
directeur spirituel (de par sa constitution même) ;
mais il était entendu qu'il pensait absolument comme
lui et qu'il subordonnait absolument ses vues à celles
de son directeur. Il y avait une hiérarchie officielle
dans l'orthodoxie ; il y avait des pensées de rang
supérieur et des pensées de rang inférieur, selon le
rang hiérarchique de celui qui pensait. Et la pensée

de l'inférieur était censée parfaitement conforme à celle de son supérieur. Les directeurs spirituels en venaient à dire qu'on doit suivre, sans la comprendre, la direction spirituelle. Cela revient à dire qu'on ne peut être conforme qu'à la condition de ne pas penser du tout ; que l'on doit s'attacher à une formule.

Pour peu qu'on pense dans toute la force du terme, on diffère des autres. Pas un individu ne pense en religion, en philosophie, en politique, exactement comme un autre. L'orthodoxie se réduit à une soumission nominale, à la signature d'un formulaire, à un acte tout formel d'obédience.

Toutes les Églises, toutes les écoles, tous les partis ont eu leurs conciles, leurs congrès, pour fixer artificiellement l'orthodoxie. On trouverait maints exemples de ce fait dans l'histoire de l'Église catholique et dans le socialisme contemporain. L'unification socialiste, comme l'unification catholique, comme toute unification de pensée quelle qu'elle soit, n'est et ne peut être qu'un mot.

Au fond il est inutile de revendiquer en face de l'orthodoxie les droits de ce qu'on appelait autrefois la conscience errante ; car quand bien même on ne réclamerait pas en faveur de ces droits, la conscience errante saurait bien toute seule les faire valoir.

*
* *

Après avoir considéré l'intelligence dans son origine et dans sa genèse, puis dans son objet (la vérité), considérons-la maintenant dans son usage et sa fin. Nous retrouvons ici l'antinomie que nous poursuivons entre la sociabilité et l'individualité.

En un sens assurément l'intelligence est altruiste ou orientée vers l'altruisme. Elle établit un pont entre les *moi* par la communauté de la notion transmissible ; elle fait cesser l'isolement du moi en nous faisant concevoir l'impersonnel. Mais en un autre sens, l'intelligence est isolante, personnelle ; si elle unit les hommes, elle les divise aussi. En tant qu'elle dépend de la sensibilité (et n'en dépend-elle pas toujours plus ou moins), elle exprime notre moi individuel ; elle nous éclaire sur les différences ou les oppositions qui nous séparent des autres esprits ; elle peut se mettre au service de fins égoïstes ; elle peut édifier une théorie d'égotisme intellectuel. Certaines formes d'intelligence sont asociales ou antisociales de propos délibéré : esprit négateur, attitude du critique, du sceptique à outrance, du dissociateur de dogmes, du briseur d'idoles ; nihilisme intellectuel ; joie méphistophélique de l'Erostrate intellectuel qui joue avec les débris des pensées et des croyances.

Ces deux aspects de l'intelligence sont réels. Les philosophes, suivant la pente de leur esprit, ont insisté sur l'un ou sur l'autre.

Un Auguste Comte subordonne entièrement l'intelligence à la sociabilité. Il s'oppose de toutes ses forces à l'individualisme intellectuel ; il veut faire cesser l'anarchie des pensées et des croyances. D'après lui, l'intelligence est orientée, de par sa constitution même, dans le sens de la sociabilité. La loi de la pensée individuelle est de s'intégrer dans la pensée sociale. Les lumières croissantes que l'homme acquiert sur le monde et sur lui-même sont propres à le persuader de plus en plus de la nécessaire subordination de l'intelligence à la sociabilité. La science est une enseigneuse de solidarité ; elle réduit en nous l'importance du côté subjectif de notre nature en la subordonnant aux immuables nécessités extérieures. « Elle diminue l'indécision, l'inconséquence et la divergence de nos desseins quelconques en rattachant à des motifs extérieurs celles de nos habitudes intellectuelles, morales et pratiques qui émanèrent d'abord de sources purement intérieures[1]. » La science multiplie les actes de foi nécessaires à la vie sociale. En nous familiarisant avec l'idée d'un ordre naturel, elle nous prépare à accepter l'idée d'un ordre social. Il y a plus. Il n'y

---

1. *Système de la politique positive*, Discours préliminaire, p. 23.

a pas jusqu'à l'incertitude scientifique que Comte ne tourne au profit de la sociabilité. La reconnaissance même de ce qu'il y a de conjectural, de précaire et d'imprévisible dans l'irrésistible économie de la nature doit, d'après lui, nous disposer aux affections bienveillantes[1].

Il y a du vrai dans ces vues ; mais elles n'expriment qu'un côté des choses. En fait le vœu de sociabilité intellectuelle exprimé par A. Comte est resté à l'état de *pium desiderium*. Il s'en faut de beaucoup que la philosophie et la science aient été, dans notre siècle, des enseigneuses de fraternité.

La science, dit A. Comte, multiplie les actes de foi nécessaires à la vie sociale. Soit ; mais la science n'a-t-elle pas supprimé autant ou plus d'actes de foi, qu'elle n'en a fondé ? N'a-t-elle pas été pour beau-

---

1. « Il faut considérer les changements brusques qui ne comportent pas de prévisions réelles et contre lesquels nous ne possédons aucune garantie scientifique. Rien ne peut par exemple démontrer, quoi qu'on en ait dit, que notre planète est à l'abri de tout choc cométaire. — En achevant ainsi d'apprécier notre vraie condition astronomique, on constitue mieux l'énergie et la dignité du caractère humain qui doit trouver en lui-même sa principale ressource contre l'ensemble de nos misères. Sans nous préoccuper de vaines terreurs, nous tendons alors à écarter davantage un excès de prévoyance et de présomption qui altère beaucoup notre véritable bonheur privé et public. Les affections bienveillantes dont il dépend surtout acquièrent ainsi plus de prix encore que lorsque chacun se confie trop aux garanties extérieures. Quand même la terre devrait être bientôt bouleversée par un choc céleste, vivre pour autrui, subordonner la personnalité à la sociabilité, ne cesserait pas de constituer jusqu'au bout le bien et le devoir suprême. » (*Discours sur l'Esprit positif*, 2º partie.)

coup une leçon d'indifférence morale et de nihilisme social[1] ? A-t-elle vraiment unifié les intelligences ?

On a répété à satiété le mot connu : la science est encore ce qui nous divise le moins. Si on va au fond de cette assertion, on voit qu'elle ne signifie pas grand'chose. On pourrait y répondre, en parodiant un autre mot célèbre, que si un peu de science nous unit, beaucoup de science nous divise. On connaît les querelles souvent âpres entre savants, notamment entre biologistes. Luttes entre partisans de la fixité et darwiniens ; aujourd'hui luttes entre darwiniens et lamarckiens ; entre partisans et adversaires de la transmissibilité des caractères acquis, entre partisans et adversaires de l'épiphénoménisme mental, etc. Ces divergences, sans cesse renaissantes et souvent passionnées, sont connues de tous.

Nous ne dirons rien de l'extrême variété des opinions dans les sciences morales et sociales.

On peut se demander d'autre part si A. Comte, en subordonnant la science à la sociabilité, ne l'a pas amoindrie et rabaissée. Le souci exagéré du progrès de la sociabilité conduirait le savant à négliger les recherches qui n'ont pas une relation directement visible avec le bonheur humain. De là un rétrécis-

---

1. Voir Le Dantec : *L'athéisme.*

sement du champ visuel de la science qui est très sensible chez A. Comte. Ne blâme-t-il pas les recherches astronomiques en dehors de notre monde solaire, comme indifférentes au bonheur de l'humanité ? N'avoue-t-il pas n'attacher pour la même raison que peu d'importance à la découverte de Leverrier[1] ? Comte semble revenir par là à une conception de la science aussi étroite que celle d'un Socrate. Il se résigne d'ailleurs aisément aux ignorances de la science, du moment qu'elles se tournent en une leçon de fraternité. Ce savant finit par parler de la science en sceptique et se console des incertitudes de l'esprit humain en matière de science par un acte de foi en l'avenir de la fraternité.

M. Brunetière représente sur cette question une attitude assez analogue à celle de Comte et aboutit à des conséquences semblables aux siennes. M. Brunetière recommande de sacrifier les résultats de la critique et de la science aux intérêts moraux et sociaux de la société où l'on vit. Mais jusqu'où vaut et à quoi aboutit cette recommandation ? Supposons un esprit supérieur vivant dans une société étroite, incurieuse et superstitieuse. Devra-t-il, au nom de la morale, limiter et conformer ses exigences intellectuelles à celles de son milieu ? Subordonner la critique, la philosophie et

1. *Discours sur l'Esprit positif.*

la science aux exigences de la sociabilité est évidemment une attitude de moindre pensée.

Aux théories qui prétendent mettre l'intelligence au service de la sociabilité s'oppose l'individualisme intellectuel.

* *
*

L'Individualisme intellectuel est une théorie de la différenciation et de l'originalité intellectuelles. C'est une attitude de l'intelligence individuelle en tant qu'elle se différencie de la pensée générale, en tant qu'elle s'oppose au besoin à elle ; en tant qu'elle dissocie les idées sociales ; en tant qu'elle innove dans la recherche philosophique, scientifique ou sociale. Et sans doute cet effort de dissociation, de critique et d'investigation intellectuelle peut avoir dans certains cas des conséquences avantageuses pour la société. Mais il peut aussi être un danger pour elle. Poussé à un certain degré, il peut devenir destructif du lien social. Et en fait, beaucoup d'esprit, en se livrant à la recherche intellectuelle, ne sont pas forcément préoccupés de l'utilité sociale ou même en font délibérément et complètement abstraction.

L'individualisme intellectuel présente d'ailleurs des formes diverses et des degrés.

*
* *

Il se présente chez Stirner comme une théorie d'absolue insociabilité intellectuelle.

Le fondement de l'individualisme stirnérien est la différenciation humaine dans ce qu'elle a de plus élémentaire ; c'est l'unicité ; unicité tellement générale, qu'elle différencie deux esprits quelconques, même les plus vulgaires et les plus insignifiants. — Deux hommes ne voient pas un arbre ou une maison exactement de la même façon. A plus forte raison n'auront-ils pas la même façon de penser sur des sujets plus complexes. — On peut dire que cet individualisme est à la fois le plus modeste qui soit et le plus intransigeant. Il est le plus modeste en ce sens qu'il se contente d'un minimum de différenciation et d'originalité : d'une originalité à peu de frais et dont tout le monde peut se targuer.

Même le plus plat imbécile a son originalité, au sens très général d'unicité. Cet individualisme est égalitaire, démocratique, en ce sens qu'il appelle tous les hommes (avec des degrés pourtant) au bénéfice de l'originalité. Celle-ci n'est plus le privilège de quelques-uns : elle est le lot commun de tous les individus. — Cet individualisme est d'autre part le plus radical, le plus intransigeant, en ce sens qu'il croit trouver dans ce minimum d'originalité personnelle un motif suffisant d'indépendance et d'insoumission individuelle. Il convie tous les uniques à l'affirmation de leur originalité. Et il ne fait aucune différence de qualité ni de valeur entre les originalités humaines ; il s'interdit d'établir une hiérarchie entre les intelligences d'après leur puissance, leur étendue ou leur profondeur. Surtout il fait complètement abstraction des effets sociaux bons ou mauvais de l'emploi de l'intelligence.

Stirner représente le parfait égotisme intellectuel. Il s'attaque à toutes les idées générales qui ne sont pas sorties de son propre cerveau et qui n'ont pas pour résultat de donner une justification ou une satisfaction à son égoisme. Toute idée doit réaliser pour lui une de ces trois conditions : 1° sortir de lui ; 2° lui être utile directement ; 3° lui être utile indirectement. L'idée idéale est à la fois celle qui, venant de lui, justifie ses désirs et lui permet de les satisfaire.

L'unicité poussée à bout aboutit à l'instantanéité, Stirner craint par-dessus tout de laisser s'enchaîner sa pensée, de la laisser se cristalliser. Aussi professe-t-il l'absolue mobilité intellectuelle. Stirner n'est sûr ni de ce qu'il fut hier, ni de ce qu'il est aujourd'hui, ni de ce qu'il sera demain. Il se méfie donc de toutes les idées. Il en résulte que même ses idées personnelles qui sont les seules qu'il accepte sont aussi repoussées par lui. Ces idées ne sont, dans le meilleur cas, que l'expression de ce qu'il a voulu un moment. Elles ne répondent plus à ce qu'il vient d'avoir été. Elles lui seront aussi étrangères que si elles étaient nées d'un cerveau différent du sien, que si elles avaient eu un autre but que celui de le servir. Stirner est un unique pour lui-même. Et surtout ne lui demandez pas ce qu'il sera dans cinq minutes. Il fait profession de l'ignorer totalement.

Ce qui se dégage de son œuvre, c'est le pyrrhonisme complet, absolu, sans atténuation aucune dans ce qu'il a de paradoxalement outré. — C'est une machine à douter des autres et de lui-même. Il doute des autres avec fureur; repousse tous leurs projets comme des projets ennemis ; il doute de lui-même avec complaisance, comme des idées d'un ami imbécile. — On chercherait vainement chez Stirner autre chose qu'un tempérament de négateur. Son individualisme est purement négatif et destructif ; c'est l'individualisme d'un Erostrate intellectuel, d'un logicien absolutiste qui, sous prétexte d'émanciper l'intelligence, fait le vide en elle, qui supprime non seulement tous les actes de foi, mais toutes les pensées et se dresse, grimaçant, sardonique et crispé, sur les ruines qu'il a amoncelées.

L'évolution de l'esprit critique au xviii° siècle et au xix° siècle peut faire comprendre jusqu'à un certain point l'attitude de Stirner. L'esprit critique a été de négation en négation : il a porté le scalpel dans toutes les croyances les unes après les autres ; il a porté la sape dans tous les fondements de l'édifice social.

Au XVIIIe siècle, l'esprit critique avait porté principalement sur la religion et engendré le voltairianisme. Mais après le scepticisme religieux, voici surgir un nouveau scepticisme ; le scepticisme à l'endroit de la Raison ; l'irrationalisme. — Après ce scepticisme ou en même temps que lui, en voici un autre qui s'attaque à la morale et qui nie l'influence des idées sur la conduite ; c'est le scepticisme immoraliste. — Reste debout l'idée de l'État, fondement de l'édifice politique. Le scepticisme va maintenant s'attaquer à elle. L'anarchisme bat en brèche non seulement la monarchie et l'oligarchie, mais la démocratie elle-même ; c'est le scepticisme politique. Enfin une dernière forme de scepticisme va plus loin encore. Elle s'attaque non plus seulement à l'État, mais à l'idée même de société, aux mœurs, à l'opinion, à toutes les idées sociales. C'est le scepticisme social. — Scepticisme religieux, scepticisme irrationaliste, scepticisme immoraliste, scepticisme politique, scepticisme social ; telles sont les principales étapes de la pensée individualiste, négative et destructrice, dans le cours des deux derniers siècles.

Stirner résume cette évolution. Raisonneur géométrique, il croit que tout se tient dans l'ordre intellectuel comme dans l'ordre social ; que la révolte contre la religion doit entraîner la révolte contre la raison, la révolte contre l'État, contre la morale, contre la société, contre toutes les idées qui ne sont pas la propriété exclusive et qui ne portent pas la marque de fabrique de l'Unique. Une fois qu'on a porté la sape dans certaines idées, il faut la porter dans toutes. Quand le doute a une fois attaqué un point de la vie intellectuelle et de la vie sociale, il se propage forcément de proche en proche, comme une carie qui gagne une dent après l'autre.

Tel est l'individualisme stirnérien ; théorie de l'absolue insociabilité intellectuelle ; négation absolue de la pensée sociale.

*
* *

Ce qu'il y a d'outrancier, de simpliste, et, il faut bien le dire, de grossier et de brutal dans cet individualisme devait écarter de lui nombre de penseurs qui ne manquaient pourtant pas de hardiesse. C'est pourquoi à côté de l'individualisme stirnérien, absolu, purement négatif et destructif, égalitaire au fond, puisqu'il supprime toute hiérarchie des valeurs intellectuelles, il y a place dans l'histoire des idées, pour un individualisme plus large, plus compréhensif, plus raffiné, plus compliqué intellectuellement et sentimentalement, un individualisme que nous appellerons l'individualisme aristocratique.

Cet individualisme peut se définir un effort vers

l'originalité intellectuelle sous ses formes supérieures et les plus évoluées, un effort vers la philosophie et la science accrues, vers la pensée élargie. Il ne s'agit plus ici d'une originalité quelconque, d'une originalité simplement synonyme d'unicité, comme chez Stirner, mais d'une originalité supérieure ; d'une originalité orientée dans le sens d'un progrès intellectuel, dans le sens d'un idéal de science, de puissance et de culture humaine.

Cet individualisme n'est plus, comme celui de Stirner, un pyrrhonisme absolu, un pyrrhonisme qui, d'emblée, détruit tout devant lui. On peut se demander en effet si le développement de l'esprit critique aboutit forcément à supprimer tout acte de foi. En fait la critique de beaucoup de penseurs ne s'est appliquée qu'à un nombre limité de questions ; en rejetant certains actes de foi périmés, ils en conservaient ou même en instauraient d'autres. Vigny ne croit pas à la Providence ; mais il a foi dans la science (*La bouteille à la mer*). Renan ne croit pas à la religion révélée ; mais il croit à la raison, à la science. De même Guyau. M. A. France promène son scepticisme souriant sur toutes les idées et sur tous les dogmes ; mais par intermittences, il croit ou semble croire à la raison et au progrès. Plus d'un penseur de nos jours qui ne croit plus au Paradis croit à l'amélioration du sort de l'humanité sur la planète. C'est que toute activité théorique ou pratique suppose certains actes de foi. Ces actes de foi peuvent être très réduits en nombre ; ils peuvent porter sur une sphère très restreinte de la pensée ; mais ils sont indispensables à l'homme qui veut jouer un rôle et exercer une influence. Un pur sceptique, un pur irrationaliste serait logiquement réduit au silence.

Parmi les actes de foi qui ont tenu une grande place dans l'histoire des idées au cours du XIXe siècle, il faut signaler l'acte de foi dans la bonté de la nature humaine. Comment entendre cet acte de foi et comment l'expliquer ?

Cet acte de foi nous semble intervenir aux époques de transition, comme une conséquence et un correctif de l'incertitude générale, de l'hésitation et des fluctuations de la pensée. Tous les novateurs sont conduits à cet acte de foi par une sorte de fatalité historique. La destruction de l'idéal ancien laisse un moment historique dévolu au doute. La providence ancienne a disparu ; la providence nouvelle ne s'est pas encore levée. Il y a un moment où l'homme est livré à lui-même et où par conséquent il doit faire un acte de foi en lui-même.

Il ne faut pas d'ailleurs confondre cet acte de foi avec un appel aux instincts primitifs de l'humanité. C'est un acte de foi en ce que nous sommes aujourd'hui, avec toutes nos hérédités, avec toutes nos acquisitions. Et cet acte de foi est obligatoire, quelles que soient ces hérédités et ces acquisitions. Car si faibles, si débiles que nous soyons, nous serons plus faibles encore si nous ne croyons pas en nous-mêmes. L'acte de foi dans la bonté de la nature humaine répond à un acte d'énergie, à une affirmation de vitalité de la part d'une humanité qui veut vivre, qui se sent forte et à qui sa surabondance de force permet d'abandonner sans terreur ses vieux foyers et ses vieux abris, pour se lancer à la poursuite de l'inconnu.

Tel est le rôle de cet acte de foi dans l'évolution intellectuelle de l'humanité. C'est ce rôle que méconnaît le pyrrhonisme absolu de Stirner et que comprennent par contre les représentants de l'individualisme aristocratique, les grands novateurs dans l'ordre intellectuel, si hardie, si destructive qu'ait été par ailleurs leur pensée.

L'individualisme aristocratique présente de notables différences avec l'individualisme stirnérien.

L'individualisme stirnérien est une simple théorie de la différenciation humaine. Il est niveleur et abolit toute échelle des valeurs intellectuelles. C'est, comme nous l'avons dit, un individualisme à bon marché qui met l'originalité sous le nom d'unicité à la portée de tous les hommes sans exception et qui leur octroie généreusement, qu'ils le souhaitent ou non, ce minimum de génialité. L'individualisme aristocratique réclame une originalité plus haute, une originalité qui vaille la peine d'être poursuivie, une originalité qui ne soit plus simplement négative, qui ne consiste plus simplement à supprimer la culture, comme le fait Stirner, mais à mettre sa marque personnelle sur cette culture, à la résumer, à la dépasser, à y ajouter, à apporter du nouveau au monde, à se privilégier dans la pensée. L'individualisme ainsi entendu est une théorie de l'invention et de l'originalité supérieure ; une théorie du progrès, de l'accroissement de la connaissance, de l'ennoblissement de la culture. Sans doute l'originalité véritable est difficile, faible et rare. Tarde a eu raison de dire qu'elle est faite en grande partie d'imitation et que même dans les intelligences les plus originales la part de l'imitation l'emporte infiniment encore sur celle de l'invention. Qu'importe ? Si faible, si rare que soit l'originalité véritable, si difficile qu'elle devienne par suite de la complexité croissante des tâches et des œuvres, de la division croissante du travail et du développement illimité des spécialismes et des compétences, cette originalité reste malgré tout possible : elle reste le facteur du progrès, la fleur de la culture, la raison d'être de l'effort intelligent.

On voit la différence qui existe entre cet individualisme et l'individualisme stirnérien. Est-ce à dire qu'il n'y ait rien de commun entre ces deux individualismes et qu'il n'y ait aucun lien entre eux ?

Nullement. L'individualisme stirnérien n'est pas à dédaigner. La part de vérité de cette philosophie, c'est la reconnaissance de cet élément éternel, irréductible de l'esprit humain : l'unicité de l'intelligence individuelle ; c'est la revendication en faveur de ce minimum d'originalité qui est la première assise d'une originalité plus haute, d'un individualisme plus large et plus compréhensif. Car pour innover véritablement, pour s'originaliser dans le sens élevé du mot, pour s'aristocratiser et se privilégier intellectuellement, il faut d'abord ne pas craindre d'être différent ; il faut avoir le sentiment de son unicité ; il faut être soi-même ; suivant le précepte de Peer Gynt, et vouloir être soi-même. L'individualisme stirnérien vaut encore par son précepte d'absolue sincérité, d'absolue probité intellectuelle, par son absolue bravoure intellectuelle ; par la résolution de voir clair dans la pensée sociale et dans sa propre pensée ; par la volonté de couler à fond sans merci toutes ses idées et toutes ses croyances.

Mais les différences que nous avons établies tout à l'heure entre l'individualisme stirnérien et l'individualisme aristocratique en entraînent deux autres encore, des plus importantes au point de vue du problème des rapports de l'individu et de la société.

L'individualisme stirnérien ne fait aucune place aux considérations sociales. L'individualisme aristocratique ne peut faire abstraction de ces considérations. Car comment établir des différences de valeur entre les intelligences et entre les pensées, sinon par des considérations d'utilité sociale et de culture humaine.

Par suite, dernière différence, l'individualisme stirnérien implique une antinomie absolue entre l'individu et la société, une absolue insociabilité intellectuelle. L'individualisme aristocratique n'aboutit qu'à une antinomie relative entre l'individu et la société ; il ne conclut pas à l'insociabilité intellectuelle. Le novateur doit sans doute engager une lutte terrible contre son milieu pour faire triompher l'idée nouvelle qu'il apporte ; mais il a foi dans cette idée et dans son triomphe ; il a foi dans la culture ; il se rattache à une série d'efforts où vient s'intégrer le sien ; il est un moment dans l'œuvre d'humanisation à laquelle il collabore. Le penseur individualiste fait ici un acte de foi en un idéal qui le dépasse.

*
* *

Mais la question est de savoir si cet acte de foi n'est pas une duperie. Le progrès intellectuel n'est-il pas un vain mot ? L'idéal de la plus grande science, de la plus haute culture ne rentre-t-il pas dans ce cycle de l'éternelle Illusion dont a parlé M. de Hartmann et que Nietzsche semble avoir symbolisé dans sa conception de l'Éternel Retour ? Il est douteux en

tout cas que ce progrès intellectuel soit indéfini. La
capacité du cerveau humain est limitée. Sans doute
il est interdit à l'esprit humain de dépasser un certain point dans son ascension vers la connaissance[1].
Notre philosophie n'a résolu aucun problème. Elle
semble tourner indéfiniment dans le même cercle.
Notre science a multiplié, il est vrai, les découvertes
techniques et pratiques ; mais toutes ces conquêtes
de la science nous laissent aussi ignorants des destinées de notre espèce et de la valeur même de notre
science.

Ajoutons des raisons plus particulières qui semblent limiter le progrès intellectuel et qui se manifestent plus spécialement dans le stade présent de
l'évolution scientifique. Avec le développement même
de la connaissance, l'invention, l'originalité intellectuelle se font de plus en plus rares : elles partent de
plus en plus sur des découvertes de détail, non sur
des idées d'ensemble et des conceptions genérales.
La part de l'imitation, de l'éducation, de la méthode
apprise augmente sans cesse au détriment de l'initiative cérébrale. La besogne d'assimilation néces-

1. D'après le comte de Gobineau, le cerveau humain n'a pas une
capacité plus grande chez aucune des races existantes, qu'aux
premiers jours de la civilisation. Il ne saurait ainsi embrasser à la
fois plus de connaissances qu'autrefois. Comme il ne peut embrasser qu'une certaine somme de connaissances, il doit oublier
d'une part ce qu'il acquiert de l'autre. Le champ de la connaissance humaine est différent, sans être plus large ni plus fertile.
Il y a quelque analogie entre cette idée gobinienne et l'idée de
l'Eternel Retour de Nietzsche.

saire au savant absorbe de plus en plus son originalité : le poids de l'érudition alourdit les esprits.
La compétence comme savoir, comme instruction,
comme technique ne garantit pas la compétence
comme valeur intellectuelle. Pour toutes ces raisons
on peut se demander si l'état actuel de la connaissance n'est pas un acheminement vers la monotonie, vers la stagnation et la médiocrité intellectuelles.

D'autres motifs de découragement s'offrent au
penseur. La plupart de ceux qui ont apporté une
idée nouvelle ont douté de la valeur de leur pensée
quand ils ont vu la disproportion qui existait entre
leur idéal et les aspirations de leur milieu. Ils ont
douté qu'il y ait une vérité humaine, une vérité
sociale et morale capable de rallier et d'unifier les
intelligences. C'est là l'éternelle histoire du Chatter-
ton de Vigny, du prêtre de Némi de Renan et de
tant d'autres. Le penseur est un aristocrate, un
ariste. Comme tel, il est toujours un isolé. Il n'est
jamais le nombre ; il n'incarne jamais l'esprit du
groupe.

S'unira-t-il aux autres penseurs ? Formera-t-il avec
eux une élite intellectuelle, une aristocratie qui
imposera au peuple des pensées nouvelles et supérieures ? C'est là un rêve de philosophes et ce rêve
n'est pas toujours bien attrayant si nous nous repor-
tons à celui que Renan a exposé dans ses *Dialogues*

philosophiques. D'ailleurs, si on a quelques chances de rencontrer çà et là des aristes isolés, il est plus difficile de trouver une aristocratie digne de ce nom. Les soi-disant aristocraties intellectuelles n'échappent pas aux défauts des autres aristocraties, elles sont étroites; elles ont leur esprit grégaire, leurs préjugés, leur misonéisme, leur infatuation.

* *

Tous ces motifs de découragement se résument dans la constatation que la société est loin de réaliser le rêve des hommes supérieurs. Plus l'idéal de culture qu'ils ont conçu est haut, plus l'écart est grand entre cet idéal et l'humanité réelle. L'individualisme aristocratique se convertit ainsi en pessimisme aristocratique (Vigny, Gobineau, Schopenhauer, Flaubert, Leconte de Lisle).

Le pessimisme aristocratique prend lui-même la forme d'un individualisme très particulier que nous appellerons l'individualisme spectaculaire. L'attitude spectaculaire est une forme raffinée de l'insociabilité intellectuelle. C'est l'attitude du penseur qui s'est retiré de la vie sociale et qui ne regarde plus la société que comme un objet de curiosité intellectuelle et de contemplation esthétique. Chez le penseur spectaculaire, l'intelligence s'est résorbée tout entière dans le sens esthétique qui, parvenu à sa parfaite autonomie, devient indifférent au succès ou à l'insuccès des processus sociaux qui lui sont un spectacle. Il semble donc que l'attitude spectaculaire implique, ainsi que le veut Schopenhauer, un état de détachement social, un renoncement de la volonté aux fins sociales.

L'intelligence spectaculaire soutient avec la sociabilité un rapport différent de celui que soutient avec cette dernière l'intelligence critique.

L'intelligence critique n'est pas forcément antisociale. Si en un sens elle peut être antisociale ou avoir des effets antisociaux en tant qu'elle dissocie les idées et les croyances sociales, en un autre sens elle peut aussi, par cette dissociation même, servir le progrès social en détruisant les idées vieillies et périmées et en faisant place à des idées plus en rapport avec l'état social; car la sociabilité évoluant a besoin qu'on remplace une source de foi épuisée par des sources nouvelles. L'intelligence critique n'est donc que relativement antisociale, tandis que l'intelligence spectaculaire est irréductiblement asociale. Dans l'intelligence spectaculaire, l'instinct de connaissance s'est complètement dissocié de l'instinct social.

Cette dissociation rentre dans une autre dissociation d'un caractère plus général et plus métaphysique: celle de l'Instinct de connaissance et de l'Instinct vital.

Une société, quelle qu'elle soit, est guidée dans tous ses desseins par un seul mobile : l'intérêt vital qui la porte à se maintenir et à se défendre contre ses causes internes ou externes de destruction. Tout ce qui ne sert pas à ce but lui est indifférent. Pour l'atteindre, elle ne ménage rien ni personne. Elle représente en ce sens, suivant la remarque de Schopenhauer, le vouloir-vivre humain à son maximum d'intensité, de concentration, d'ardeur et de frénésie.

La partie sociale de l'individu est donc entièrement dominée par ce même instinct vital et social, c'est-à-dire par les intérêts et les passions des groupes auxquels l'individu se trouve mêlé, dont il épouse la cause avec plus ou moins d'ardeur et avec le vouloir-vivre desquels il s'identifie plus ou moins complètement. En tant qu'être social, l'individu humain est incapable de se placer au point de vue de la connaissance pure, au point de vue spectaculaire que nous avons défini plus haut.

Mais l'individu n'est pas seulement un être social. Il y a en lui une partie qui est proprement personnelle, qui est la propriété de l'Unique. C'est dans cette partie que se fait jour l'attitude de la connaissance pure, l'attitude spectaculaire ou esthétique. Celle-ci est une attitude proprement asociale. Elle constitue la forme la plus raffinée et proprement intellectuelle de l'abstentionnisme social ; elle est une sorte d'égotisme et comme de solipsisme intellectuel.

*
* *

Résumons les antinomies relatives à la vie intellectuelle.

Elles peuvent se ramener aux points suivants :

1° Antinomie entre la socialité et la physiologie considérée comme principe de différenciation mentale des individus ;

2° Antinomie entre la notion acquise qui représente la pensée sociale et l'intuition qui représente la pensée individuelle ;

3° Antinomie entre l'idée d'une orthodoxie et l'unicité intellectuelle ;

4° Antinomie entre les théories qui subordonnent l'intelligence à la sociabilité et les théories d'individualisme intellectuel.

L'individualisme intellectuel revêt deux formes : l'individualisme de l'unicité ou individualisme stirnérien qui implique évidemment une antinomie entre l'individu et la société ; et l'individualisme aristocratique. Ce dernier se convertit lui-même en pessimisme et en individualisme spectaculaire.

CHAPITRE III

L'ANTINOMIE DANS LA VIE AFFECTIVE

Considérons la sensibilité dans les facteurs qui concourent à la former ; puis dans sa nature et dans son évolution. Nous allons retrouver à propos de ces questions les deux tendances opposées que nous avons déjà rencontrées en étudiant l'intelligence. L'une sociologique qui insiste sur la part prépondérante du facteur social dans la formation et l'évolution de nos sentiments ; et par suite sur la possibilité d'une uniformisation, d'une rationalisation et d'une socialisation progressive des sensibilités ; l'autre, individualiste, qui reconnaît dans la sensibilité de chaque individu un fond irréductible aux influences sociales et qui conclut de là à l'impossibilité de réduire les différences sentimentales non moins que les différences intellectuelles.

Les sociologues s'efforcent de mettre en lumière le rôle du milieu social et de l'éducation dans la formation de nos sentiments. Ce rôle ne peut être nié. Il y a de grands courants sentimentaux comme il y a de grands courants intellectuels et ils agissent forcément sur les sensibilités individuelles. Le xviie siècle français voit se succéder ou coexister plusieurs formes générales de sensibilité : la sensibilité précieuse, la sensibilité chrétienne, avec ses variétés, janséniste et jésuite ; la sensibilité rationaliste ou cartésienne ; la sensibilité libertine (pour un cercle plus restreint d'esprits). Au xviiie siècle domine la note sentimentale et humanitaire. Au xixe siècle, c'est la sensibilité romantique qui prend d'ailleurs des aspects différents suivant les pays et les races ; puis c'est la sensibilité démocratique et socialiste qui est en train de se propager dans toute l'Europe, en s'adaptant, elle aussi, aux pays et aux tempéraments nationaux. L'évolution des sensibilités individuelles est en grande partie fonction de l'évolution sociale. Plus les causes de différenciation sociale se multiplient, plus les sensibilités se particularisent. Une culture générale très raffinée produit un affinement des sensibilités individuelles. Mais à côté de ces influences sociales, il faut faire une place au principe d'individuation par excellence : à la physiologie de l'individu, qui fait que chacun ressent à sa façon les sentiments de son pays, de son milieu, de son époque et les teinte de sa propre nuance sentimentale. Il y a là un principe originel et irréductible d'individualisme sentimental comme d'individualisme intellectuel.

Considérons maintenant la nature de la sensibilité.

Nous trouvons ici en conflit les intellectualistes et les physiologistes ; les premiers favorables aux projets d'unification sentimentale chers aux sociologues et aux éducationnistes ; les seconds favorables à l'individualisme.

Ce n'est pas que les physiologistes nient absolument le pouvoir de l'éducation. Dans la mesure où les différences sentimentales entre individus tiennent à des différences de culture, l'éducation peut assurément tenter de diminuer ces différences et d'uniformiser les sensibilités. Mais il ne faut pas trop compter sur le pouvoir des idées. On a déjà vu que la culture intellectuelle est impuissante à uniformiser les intelligences. Comment réussirait-elle à uniformiser les sensibilités ? La sensibilité individuelle, loin de se plier aux idées, façonne plutôt ces dernières et leur impose sa propre forme.

Les intellectualistes conçoivent tout autrement que les physiologistes la nature de la sensibilité et son rapport à l'intelligence. Ils regardent la sensibilité comme une forme inférieure de l'intelligence ; comme une raison confuse et enveloppée (Leibnitz, Herbart). D'après eux, nos sentiments sont résolubles en idées. C'est admettre implicitement que les idées peuvent agir sur les sentiments qui sont des idées inférieures et moins claires. On conçoit ainsi une hiérarchie d'idées dans laquelle la puissance des idées se mesurerait à leur clarté et à leur intelligibilité. Ainsi s'affirmerait la primauté de la raison sur le sentiment.

On comprend dès lors aisément pourquoi les sociologues, partisans de l'uniformisation intellectuelle et sentimentale, sont généralement des intellectualistes. D'après M. Draghicesco, la Raison n'est autre chose qu'un système de catégories imposées *a priori* à l'individu par la conscience sociale. Dès lors, affirmer la primauté de la raison sur la sensibilité, c'est affirmer du même coup la primauté et la prépondérance de l'esprit social sur l'âme individuelle. L'intellectualisme est une doctrine de nivellement et de conformisme sentimental comme de nivellement et de conformisme intellectuel. Les intellectualistes croient à une rationalisation progressive des sensibilités, à l'avènement d'une humanité qui ne serait plus guidée par des émotions et des sentiments, mais par les seules idées.

Contrairement à la thèse intellectualiste, la thèse physiologique est une théorie de la différenciation individuelle, dans l'ordre du sentiment comme dans l'ordre de la pensée.

Ce n'est pas le lieu de reprendre à fond le débat entre les intellectualistes et les physiologistes. Ce que nous avons dit précédemment de la prépondérance qui doit être attribuée dans l'individu humain à l'élément physiologique indique assez de quel côté nous nous rangeons dans ce débat. Les intellectua-

listes oublient que les idées n'ont d'influence que
si elles tombent sur un sol favorable ; si elles ont
une résonance dans l'organisme, que si elles ne
sont pas seulement apprises et comprises, mais
senties...

Ils oublient que la Raison n'est qu'une moyenne
extraite des sensibilités ; qu'elle leur est par suite
postérieure et qu'elle dépend d'elles. Ils oublient
encore que la sensibilité déborde les limites de
l'intelligence ; qu'il y a une logique des sentiments
indépendante de la logique du raisonnement et
combien plus puissante ! Logique du raisonnement
et logique des sentiments ; ce sont là deux ordres
différents et irréductibles, presque impénétrables
l'un à l'autre. La logique des sentiments n'est pas
modifiée par des enseignements abstraits. Elle
plonge ses racines au plus profond de l'individu.
C'est pourquoi il est vain de prétendre uniformiser
les sensibilités par la culture intellectuelle.

La sensibilité présente, de par sa constitution
même, plusieurs caractères réfractaires ou antinomiques aux influences sociales. D'abord l'unicité et
l'incommunicabilité du sentiment. Le sentiment est
ce qu'il y a de plus individuel dans l'être, de plus
incommunicable. « Nulle part, dit M. Bergson,
l'écrasement de la conscience individuelle (par le
mot qui en est l'expression impersonnelle et sociale)
n'est aussi frappant que dans les phénomènes du

sentiment[1]. » Qu'une émotion profonde, une mélancolie indéfinissable, que le souvenir heureux ou triste d'une heure lointaine émergent du fond de notre passé et envahissent notre être tout entier ; le frisson de cette émotion ne pourra se propager dans l'atmosphère opaque qui nous sépare d'autrui de la même façon que se propage une onde lumineuse ou sonore. L'émotion, quand elle arrive, traduite par le mot, dans la conscience d'autrui, est déjà flétrie et décolorée. Sa loi est de naître, de s'épanouir et de mourir solitaire dans la conscience où elle est née.

A l'unicité et à l'incommunicabilité du sentiment s'ajoute son instantanéité qui achève de le rendre insaisissable.

Signalons un autre caractère : le caractère infini de la passion et l'insatiabilité du désir humain.

La passion tend à se déployer à l'infini, tandis que la société fait de la médiocrité en tout le critérium de l'homme sociable. L'insatiabilité du désir fait que l'individu ne se sent jamais en parfaite harmonie avec son milieu et avec les satisfactions qu'il lui procure ; elle agit en lui, en tant qu'il est un être social, comme un principe éternel d'insatisfaction et de mécontentement.

1. Bergson. *Les données immédiates de la conscience* (F. Alcan). — Voir aussi sur l'incommunicabilité du sentiment : Amiel, *Journal intime.* I, p. 114; Benjamin Constant, *Adolphe;* M. Barrès, *Un homme libre.*

Sans doute on peut se demander si ce sentiment d'insatiabilité n'est pas en partie d'origine sociale et on peut contester qu'il plaide en faveur de l'isolement. Les désirs de l'individu ne seraient certainement pas plus satisfaits à l'état isolé qu'à l'état social. Ce sont les satisfactions mêmes que nous recevons de notre milieu qui nous rendent plus exigeants. C'est parce que l'individu bénéficie des avantages matériels et moraux de la coopération, c'est parce qu'il est comblé par le groupe qu'il se rassasie des avantages qu'il lui doit. Cette exigence n'existerait pas chez un individu isolé. Car nous n'imaginons et ne désirons que des choses qui nous sont partiellement connues et que notre milieu met en partie à notre disposition. Il n'y a pas un abîme entre ce que nous désirons et ce que nous avons. L'individu à l'état isolé, ayant moins de jouissances, aurait des désirs infiniment moins vastes et moins délicats. Les satisfactions qui lui sont données par l'état social actuel ne viendraient même pas à son imagination. Les exigences de notre sensibilité ne plaident donc pas en faveur de l'isolement, mais plutôt en faveur de la coopération qui seule procure une satisfaction relative à ses prétentions, après les avoir créées en partie.

En partie seulement. Car la sociabilité n'est pas tout. Ce n'est qu'autant que ce sentiment d'insatiabilité préexiste en germe dans la physiologie de l'individu qu'il peut être développé par les satisfactions mêmes que l'individu reçoit du groupe. Satisfactions d'ailleurs toujours insuffisantes. Quels que soient les progrès réalisés par le groupe, l'écart resté toujours le même entre le besoin de jouissance des individus et les moyens de satisfaction qui leur sont offerts. Le progrès qu'on a désiré, on ne le sent plus dès qu'il est réalisé. Le désir évolue et se déplace dès qu'il est assouvi. C'est là une loi profonde de notre nature, indépendante de toute forme et de toute combinaison sociale. Et c'est cette loi, exprimée par le Faust de Gœthe[1], qui condamne par avance tous les Edens sociologiques, tous les Paradis humanitaires rêvés par les optimistes sociaux. Ici, le sentiment d'insatiabilité se retourne contre la sociabilité dont il procède en partie. Car il agit dans l'individu comme un principe d'inquiétude et de révolte ; il renferme en lui un ferment de critique infinie contre toutes les formes sociales et tous les agencements sociaux.

Un autre caractère de la sensibilité humaine est la discordance de nos inclinations ; le manque de coordination interne de nos sentiments ; ce sont les désharmonies et les contradictions de notre sensibilité. Le cœur humain est en état de guerre avec lui-même. En nous, l'égoïsme et l'altruisme, l'amour et

---

1. Faust dit à Méphistophélès : « Si tu peux me séduire au point que je vienne à me plaire à moi-même, si tu peux m'endormir au sein des jouissances, que ce soit pour moi le dernier jour ! Je t'offre le marché... Si je dis jamais au moment: Attarde-toi, tu es si beau ! Alors tu peux me charger de liens... »

la haine, la cruauté et la tendresse se combattent et se mêlent paradoxalement. Cette incohérence affective se retrouve dans tous nos sentiments. — L'amour, a-t-on dit, est un « égoïsme à deux » ; mais il faut ajouter que ces deux égoïsmes restent, distincts, armés et prêts à la lutte. Toute passion amoureuse, de quelque raffinement idéal qu'elle se pare, est un cas d'hypnose sensuelle et sentimentale. Des amants, l'un est suggestionneur, l'autre suggestionné ; l'un domine et l'autre est dominé. Il y a au fond de l'amour une volonté de lutte et de domination. — Ce qui se passe dans la série animale éclaire l'essence du phénomène amoureux chez l'homme. Le fait de la femelle dévorant le mâle après en avoir joui, fait si fréquent dans certaines espèces, surtout chez les insectes, est le prélude et l'annonce de ce qu'on appelle si justement le « duel des sexes » dans l'espèce humaine. L'élément agressif et destructif dans l'amour a inspiré nombre de poètes, de romanciers et d'auteurs dramatiques (Mérimée dans *Carmen* et la *Vénus d'Ille*, Strindberg dans *Père* et dans *Mademoiselle Julie*). C'est de là sans doute qu'est né le thème poétique de la parenté de l'amour et de la mort.

Cette même mixture contradictoire d'égoïsme et d'altruisme, d'appétit de domination et d'amour du sacrifice se retrouve dans des sentiments supérieurs tels que le plaisir que nous prenons à défendre le faible ou encore à obliger autrui ou à lui prouver notre reconnaissance et nous acquitter envers lui. Même dans les plaisirs intellectuels et esthétiques, les plus sympathiques et les plus altruistes de tous, les passions envieuses et combatives ne désarment pas entièrement. Il y a des rivalités, des haines littéraires ou artistiques qui divisent les amis du beau autant et plus que les autres hommes.

Les caractères que nous venons d'énumérer : unicité, incommunicabilité, instantanéité, insatiabilité du désir, incohérence sentimentale, rendent la sensibilité humaine évidemment impropre à une sociabilité parfaite ou même un peu perfectionnée. C'est pourquoi la société et particulièrement ceux qui, dans la société, représentent la tendance sociale, sociologues, moralistes, éducateurs s'efforcent de les réduire et de les corriger le plus possible : l'unicité par le conformisme, la spontanéité par la règle, l'instantanéité par l'esprit de suite, l'insatiabilité du désir par l'appel à la résignation et par les perspectives des Paradis humanitaires ; la discordance de nos affections et de nos passions soit par un ordre social artificiel capable d'harmoniser du dehors nos désirs discordants (Fourier) soit par la notion d'un ordre objectif et scientifique supérieur aux caprices et aux fantaisies des sensibilités individuelles [1] (A. Comte).

---

1. Voir A. Comte. *Discours préliminaire.*

On peut admettre, pour faire la part de la sociabilité, que l'incohérence sentimentale qui caractérise la sensibilité humaine est en partie créée ou tout au moins favorisée par l'état de discorde et d'incohérence des institutions sociales, par ce que les sociologues appellent le manque d'intégration sociale. Et dans la mesure où elle dépend de ces causes et conditions sociales, on peut admettre aussi que cette désharmonie peut être diminuée par une organisation sociale meilleure, par une intégration plus parfaite, par une éducation mieux comprise. Mais cette désharmonie ne tient pas uniquement à des raisons sociales. Elle tient vraisemblablement à notre nature primitive ; à notre physiologie compliquée, instable et discordante, à nos atavismes contradictoires. Notre cœur est troublé par nos mille naissances, par nos mille hérédités animales et humaines ; par notre obscure descendance animale qui nous a fait sortir sans doute d'une espèce très médiocrement socialisée.

C'est pourquoi les tentatives des sociologues et des moralistes sont condamnées à rester vaines ou en grande partie inefficaces. — Aucun mécanisme passionnel à la Fourier, aucune morale intellectualiste, aucune religion de l'humanité selon la formule comtiste ne palliera ni n'atténuera sérieusement la discordance du jeu interne et externe des passions. La loi de la fusion croissante des sensibilités de

Guyau et celle du passage de l'égoïsme à l'altruisme, de Spencer, expriment plutôt des desiderata de moralistes que des constatations de sociologues.

La loi de l'intégration sociale progressive, à la supposer exacte, ne supprimera pas l'égoïsme, l'envie, la malveillance et la haine. Rapprocher les hommes, les intégrer dans des sociétés de plus en plus nombreuses, de plus en plus enchevêtrées et de plus en plus compactes n'est pas un sûr moyen de les pacifier ni de les unir par les liens du cœur[1].

La sensibilité reste, en partie du moins, réfractaire à la socialisation et il y a une antinomie affective de l'individu et de la société, comme il y a une antinomie intellectuelle.

Il y a place pour un individualisme sentimental comme pour un individualisme intellectuel. Mais de quel individualisme s'agit-il ?

De même que nous avons distingué deux formes d'individualisme intellectuel : un individualisme de la différenciation pure et simple ou individualisme stirnérien et un individualisme aristocratique, nous

---

1. Le degré d'efficacité des morales et des disciplines sociales peut être surtout démontré par des faits exceptionnels qui se produisent lorsque, pendant des catastrophes, la loi positive ne peut plus être appliquée. (Avant l'arrivée des Français à Moscou en 1812 ou après l'éruption volcanique récente, à la Martinique.) Alors, les autorités ne fonctionnant plus, les passions antisociales de la population se sont déchaînées de façon à donner une idée bien faible de l'efficacité de l'instinct social. (Observation de M. Metchnikoff; dans son livre : *Essai sur la nature humaine. Essai de philosophie optimiste*, p. 143).

distinguerons ici deux variétés d'individualisme sentimental.

L'individualisme stirnérien est une revendication en faveur de la « différence » affective, de l'originalité sentimentale quelle qu'elle soit. — C'est aussi bien l'individualisme de l'impulsif, du maniaque, de l'excentrique, du névrosé en quête de sensations bizarres et compliquées (tel un Des Esseintes), que l'individualisme du grand poète, du grand artiste qui exprime des manières de sentir délicates, puissantes ou profondes, vraiment neuves et intéressantes, vraiment capables d'éveiller un écho dans l'âme des autres hommes.

L'individualisme stirnérien est un egotisme tout négatif. Stirner attaque tout désir qui n'est pas l'expression directe de son instinct à lui, de même qu'il attaque toute idée qui n'est pas issue de son cerveau et qui n'a pas pour résultat une justification ou une satisfaction de son égoïsme. Mais c'est là plutôt une volonté d'originalité qu'une originalité réelle. Il ne suffit pas de vouloir être original dans l'ordre de la pensée ou du sentiment. Il conviendrait encore, du moment où on se pose en champion de la différence humaine et de l'originalité, d'avoir des désirs vraiment neufs et intéressants, des sentiments qui vaillent la peine d'être exprimés. Or on cherche vainement chez Stirner quels sont les désirs qui le différencient de ses voisins, qui l'indi-

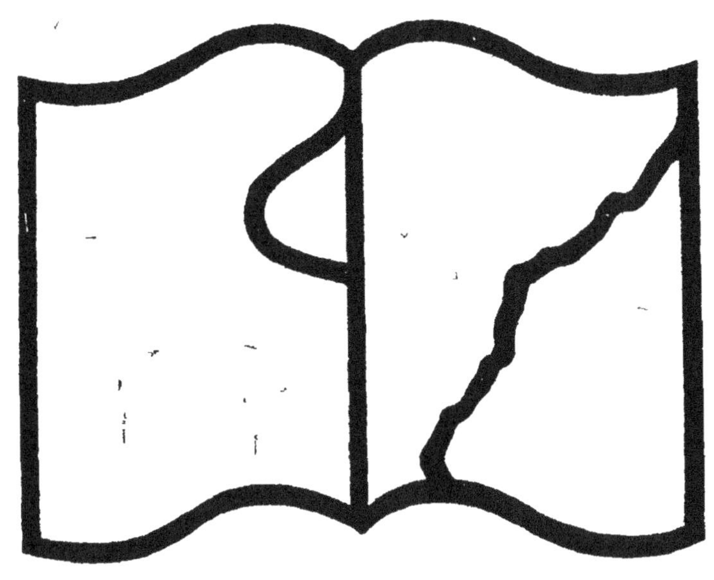

Texte détérioré — reliure défectueuse

NF Z 43-120-11

vidualisent. On voit très bien qu'il prétend avoir non seulement des idées différentes, mais des désirs originaux ; mais on ne se rend pas bien compte de l'originalité, de la nouveauté de ces désirs et de ces aspirations. Ce qu'il y a de plus clair chez Stirner, dans cet ordre d'idées, c'est un besoin effréné d'indépendance, une revendication frénétique en faveur de la liberté des instincts ; revendication qui porte d'ailleurs sur les instincts les plus généraux de notre nature, ceux qui constituent le fond physiologique de tout être humain : l'instinct sexuel, la faim, l'instinct du bien-être.

Et certes, cette revendication en faveur de la différenciation individuelle et de la liberté individuelle sous ses formes les plus générales, les plus élémentaires, et par là même les plus modestes, n'est pas inutile ni méprisable.

Mais elle ne constitue qu'un minimum d'individualisme et ne fait aucune distinction entre les formes les plus simples et les plus grossières et les formes plus raffinées et plus profondes d'individuation sentimentale.

Cet individualisme d'ailleurs s'emporte et se supprime lui-même, de par son instantanéisme.

Stirner se méfie de ses propres désirs comme de ses propres idées ; il traitera en ennemi, dans un instant, le désir, le sentiment présent.

Enfin cet individualisme est trop global, sans

nuance et sans critique ; il repousse indistinctement toutes les formes d'altruisme. Il ne fait aucune différence entre l'altruisme grégaire, expression de la brutalité, de la lâcheté et de la bêtise collective et certaines formes supérieures — possibles et désirables après tout — de l'altruisme.

On peut concevoir un individualisme différent qui, sans méconnaître les antinomies qu'on vient de constater dans l'ordre du sentiment, s'élève au-dessus de la revendication un peu simpliste et grossière qu'a élevée Stirner.

Ici l'individualisme n'est plus une négation brutale et globale de tout altruisme. Il est au contraire l'expression d'un altruisme plus exigeant et plus délicat, d'un besoin de sociabilité supérieure, plus large, plus sincère, plus intelligente, plus tolérante que celle qui est réalisée dans les groupes humains. Cet individualisme consiste à cultiver nos sentiments dans la mesure de notre richesse d'âme, à développer notre faculté de jouir et de souffrir sous ses formes les plus complexes et les plus élevées, à nous intéresser à la vie la plus riche et la plus belle. C'est l'individualisme aristocratique d'un Vigny, d'un Nietzsche, d'un Ibsen. Les héros ibséniens, par exemple, ne sont pas de purs égoïstes stirnériens. Ils sont, en partie, en communauté de sentiments avec leur groupe et ce n'est que dans la mesure où ils éprouvent un désir de sociabilité supérieur à celui de la foule qu'ils se séparent d'elle.

Solness ne s'isole pas de son milieu; sa sentimentalité se greffe sur celle de son groupe ; son effort d'intrépidité est suscité par un sentiment supérieur de sociabilité, par le dévouement à un haut idéal (Hilde symbolise pour lui la jeunesse, le renouveau, l'avenir). Chez Ibsen comme chez Nietzsche, l'amour du risque, l'effort d'intrépidité déployé par l'individu est mis au service d'une idée sociale.

Mais l'individualisme aristocratique traverse, chez presque tous ses représentants, deux stades successifs : l'un de confiance optimiste et de généreuse ardeur; l'autre de désabusement et de découragement.

L'individualisme de la première période est au fond un altruisme supérieur, confiant dans sa propre réalisation. L'individualisme de la seconde période est ce même altruisme méconnu, déçu et désabusé. Ce passage du premier moment au second est l'histoire de presque tous les hommes qui ont apporté au monde des désirs généreux, de nobles desseins et de vastes espoirs. C'est l'histoire d'un Vigny, d'un Gobineau. Ç'eût été peut-être celle d'un Nietzsche, si Nietzsche n'était mort trop tôt pour être parvenu encore au second moment de l'individualisme aristocratique.

Cet individualisme ne commence pas, comme celui de Stirner, par répudier indistinctement toutes les formes d'altruisme ; il ne repousse que l'altruisme grégaire et il le repousse précisément au nom de son idéal d'altruisme supérieur. Mais dans la suite, l'individualiste aristocrate, l'ariste dans l'ordre du sentiment, acquiert la conviction que l'altruisme grégaire s'insinue fatalement, partout où les hommes sont rassemblés, dans l'autre altruisme pour le corrompre et l'abaisser ; que l'altruisme grégaire a toujours le dernier mot contre l'idéal de générosité des âmes d'élite. L'individualisme aristocratique aboutit par là à une condamnation globale de la sociabilité, à une attitude d'incroyance et de scepticisme à l'endroit de toutes les formes d'altruisme et de solidarité. C'est dire qu'il arrive, par un plus long détour, à peu près à la même conclusion que l'individualisme stirnérien : à un pyrrhonisme sentimental comme à un pyrrhonisme intellectuel, à un isolement misanthropique et antisocial dont les motifs, l'expression et le degré d'âpreté varient avec les différents individus, suivant que leur sensibilité était plus ou moins vive et a été plus ou moins douloureusement éprouvée au contact des réalités sociales.

CHAPITRE IV

L'ANTINOMIE DANS L'ACTIVITÉ VOLONTAIRE

Etudions maintenant la volonté et le rapport qu'elle soutient avec la sociabilité.

La volonté est une fonction psychologique complexe : à la fois ou tour à tour fonction motrice et fonction inhibitrice ; fonction initiatrice et fonction de contrôle ; pouvoir d'impulsion et pouvoir d'arrêt. Faculté d'adaptation et faculté de domination, tantôt elle plie l'être au milieu, tantôt le milieu à l'être.

Ici elle agit comme force passive et défensive ; là, comme énergie active, offensive et conquérante. — Sous toutes ces formes et dans tous ces usages, elle apparaît comme une puissance régulatrice et organisatrice des instincts, des sentiments et des idées, comme le principe directeur de la vie, le guide de la conduite, comme la manifestation la plus haute de la personnalité.

Tout comme l'affectivité et l'intelligence, la volonté est diverse et inégale chez les différents individus humains. Ces différences individuelles tiennent d'une part à des conditions extérieures et sociales ;

d'autre part à des conditions intérieures et personnelles.

Les causes extérieures de différenciation individuelle dans le caractère et dans le vouloir sont fort nombreuses. Sans parler des conditions physiques comme le climat, on comprend que les conditions de vie sociale, la profession, le rang, l'état de fortune, les relations, l'isolement ou la vie de société fassent triompher dans la conduite ordinaire d'un individu tel ou tel ordre de considérations, telles ou telles raisons d'agir et impriment à sa volonté et à son caractère telle courbure particulière. Un paysan qui vit isolé dans un pays de petite propriété morcelée aura des goûts d'indépendance et d'individualisme propriétaire que ne connaîtra pas l'ouvrier des grands centres industriels, parqué dans les vastes troupeaux des collectivités manufacturières. Dans notre civilisation où la question de fortune joue un rôle prépondérant, une richesse considérable est l'épine dorsale de beaucoup d'énergies, tandis que le manque de fortune en réduit beaucoup d'autres à l'impuissance.

Mais ici comme ailleurs, les conditions sociales ne sont pas tout. Les différences et inégalités individuelles du vouloir humain proviennent surtout du fond originel, physiologique et héréditaire, de l'individu, de ses ressources intellectuelles, sentimentales et énergétiques.

La différenciation des actes dépend de la différenciation des idées et des sentiments. Elle dépend aussi de la forme particulière de la volonté elle-même, suivant la proportion variable des éléments qui la composent (éléments sensitifs, intellectuels, moteurs) ; suivant la quantité d'énergie vitale de l'individu ; suivant le mode d'action de cette énergie (adaptation ou domination), suivant le caractère modéré et continu ou au contraire violent et spasmodique des réactions de l'individu.

Il y a des volontés fortes et des volontés faibles, des volontés réfléchies et lentes ; d'autres rapides et explosives ; il y a des volontés brutales et violentes ; d'autres souples et insinuantes [1].

Ce sont ces causes internes de différenciation qui mettent tant de diversité dans les individus humains et leur fait jour des rôles si différents dans la lutte pour la vie.

La volonté d'un homme est seulement accessible ou surtout accessible à une espèce particulière de motifs. La volonté de l'égoïste n'est accessible qu'à des motifs d'ordre utilitaire ; la volonté de l'ambitieux n'est accessible qu'à des motifs tirés de l'appé-

---

1. Ces différences originelles dans les volontés sont reconnues par la théologie catholique : les forces du libre-arbitre sont en nous plus ou moins débilitées et inclinées au mal ou au contraire aidées et fortifiées par la grâce. — C'est comme correctif à cette inégalité des forces du libre arbitre chez les différents individus, que la théologie catholique admet la doctrine de la réversibilité des mérites, de la solidarité universelle des âmes.

tit de puissance. La volonté des voluptueux qu'à des images sensuelles. — Les raisons d'agir et de ne pas agir, les raisons de vivre et de mourir, les raisons d'espérer et de désespérer varient à l'infini suivant les individus. Certains supportent mal la pauvreté, d'autres la déconsidération ; d'autres, les déceptions d'ambition ; d'autres les déboires amoureux.

Ce qui serait intéressant dans cet ordre d'idées, c'est moins de chercher comme le statisticien le chiffre moyen des suicides par exemple pour tel milieu ou telle condition sociale que de connaître les raisons individuelles des suicides ; car deux hommes de même âge, de même milieu et de même condition sociale peuvent se suicider pour des motifs absolument différents. Si le sociologue et le statisticien, attentifs aux seules généralités, négligent les questions d'individus, ces dernières sont en revanche les plus intéressantes pour le psychologue plus curieux des actions individuelles que des actions collectives.

Les volontés ne diffèrent pas seulement par leurs raisons d'agir ; elles diffèrent encore par la nature des mensonges vitaux qu'elles adoptent ou qu'elles se fabriquent elles-mêmes pour soutenir leur énergie, pour s'encourager à vivre et à agir. Tout homme a son mensonge vital ; beaucoup vivent de celui auquel leur race et leur milieu social les a adaptés dès l'enfance ; d'autres choisissent parmi les mensonges collectifs qu'ils trouvent préparés d'avance par les dogmes religieux ou laïques ; d'autres enfin se forgent, pour leur usage personnel, et avec leur tempérament propre, le mensonge vital qui leur convient.

Les volontés diffèrent enfin par leur point d'arrivée. Les unes, énergiques et indomptées, ne se laissent pas abattre par les déceptions et restent fidèles jusqu'au bout à la vie et à l'action. Sur le point de disparaître, elles sont prêtes à reprendre le cycle des efforts et des douleurs et à dire encore une fois : oui à la vie. Les autres, bientôt lasses du mal de vivre, glissent paresseusement au nirvana bouddhique.

Sous ses différentes formes et à travers ses différents degrés d'énergie, la volonté peut se mettre au service de la sociabilité ou de la personnalité, au service de l'altruisme ou de l'égoïsme. Suivant les individus et suivant les cas, elle s'orientera dans le premier sens ou dans le second.

Nous retrouvons ici le conflit entre les solidaristes et les individualistes.

Le Dr Toulouse a proposé une théorie du « frein volontaire » dont il a tiré des conclusions contraires à l'individualisme qui place son idéal dans l'épanouissement du moi égoïste [1].

____

[1]. Sur le rôle de *frein* joué par la volonté et particulièrement sur la portée sociale de ce rôle. Voir l'article du Dr Toulouse, intitulé : *Le Frein* (Revue bleue du 18 juillet 1903).

La volonté, d'après le Dr Toulouse, est essentiellement un frein destiné à rendre finalement automa-
tiques nos réactions utiles. D'après lui, le rôle
normal du frein volontaire est de réprimer les manifestations égoïstes et indiscrètes de la personnalité,
de façonner rigoureusement l'individu à la norme
sociale, de faire de lui un impeccable automate
social. — C'est là un point de vue d'éducateur ou
de moraliste.

Le point de vue psychologique est différent. Psy-
chologiquement parlant, le frein volontaire est par
lui-même indifférent à l'altruisme ou à l'égoïsme, à
la discipline sociale ou à l'insoumission individuelle. Il peut être mis au service de sentiments
sociaux ; mais il peut aussi bien être mis au service
de sentiments antisociaux et d'un parti pris antisocial.

Supposons un homme naturellement porté à l'altruisme, à la confiance, à la générosité envers
autrui. Supposons maintenant que l'expérience de
la vie ait amené cet homme à reconnaître (à tort ou
à raison), la duperie de l'altruisme, les hypocrisies
de la sociabilité, le mensonge des liens sociaux et
des conventions sociales. Et supposons en conséquence que chez cet homme finalement désabusé
sur le compte de la sociabilité, une conversion du
vouloir se soit opérée, non dans le sens du renoncement à la personnalité, comme le veut Scho-

penhauer, mais dans le sens diamétralement opposé, dans le sens de l'égoïsme volontaire et d'un parti pris antisocial. Cet homme prendra sur lui de refréner désormais ses penchants altruistes qu'il juge trompeurs, et cela en faisant violence, au besoin, à sa propre sensibilité. — Ce cas n'a rien d'impossible. Il se rencontre dans la vie. Tel est le cas du sentimental déçu, de l'homme sociable devenu ennemi de la société (Rousseau) ; de l'ami des hommes devenu misanthrope à leur contact. Chez un tel homme on conçoit que le frein volontaire fonctionne désormais dans un sens égoïste et antisocial. — La plupart des hommes n'ont d'ailleurs pas eu à opérer la conversion que nous venons d'indiquer. Ils sont naturellement égoïstes et tout naturellement aussi le frein volontaire, le pouvoir de self-control, dans la mesure où ils le possèdent, est mis par eux au service de leurs désirs ambitieux. Il est pour eux un moyen de vaincre dans la lutte pour la vie leurs adversaires moins maîtres de leurs nerfs.

Les solidaristes et les individualistes s'opposent encore par la façon dont ils comprennent le sentiment de la liberté personnelle. — Pour les solidaristes qui ne veulent voir dans l'individu que le coopérateur, notre sentiment de liberté personnelle et de puissance personnelle est en raison du nombre et de l'importance des liens qui nous rattachent à nos semblables. Il est un effet de la solidarité accrue, de la coopération qui accroît le pouvoir de l'homme sur la nature. — Les individualistes répondent à cela que le pouvoir de l'homme sur la nature n'est pas tout et que le développement scientique et industriel peut aller de pair pour beaucoup d'hommes avec un asservissement croissant des volontés et des caractères ; que la solidarité accrue ne s'accompagne pas nécessairement d'un accroissement du sentiment de puissance de l'individu, mais au contraire, du sentiment de sa dépendance. Si la solidarité augmente notre pouvoir collectif sur la nature, elle accroît aussi notre dépendance sociale ; car, en un sens, moins notre action personnelle est liée à celle des autres et plus elle est libre ; plus elle est liée à celle des autres et moins elle est libre. — Notre libération à l'égard des contraintes naturelles est trop souvent compensée par une aggravation des contraintes sociales. Toutes les formes d'association (et combien il en est de stériles au point de vue de l'accroissement de notre pouvoir sur la nature), réclament de l'individu le sacrifice d'une part de sa liberté ; et il s'en faut de beaucoup que ce sacrifice soit toujours racheté par des avantages correspondants. M. Fournière prétend que la liberté consiste, pour l'individu, à soumettre sa volonté personnelle à la volonté générale[1]. Mais la volonté générale se

____

1. Fournière. *Essai sur l'individualisme* (F. Alcan).

résoud à l'analyse en un certain nombre de volontés particulières, celles des groupes dont on fait partie et qui ne laissent pas d'être tyranniques chacune pour son propre compte.

C'est pourquoi les individualistes se refusent à voir dans le sentiment de la liberté personnelle un produit et un bienfait social. Les racines du sentiment de puissance individuelle sont en grande partie physiologiques, c'est-à-dire présociales. C'est la physiologie qui prédestine les uns au commandement, les autres à l'obéissance ; qui place dans certains hommes un sentiment de domination et dans certains autres un sentiment de dépendance. C'est elle qui différencie ce sentiment de puissance en l'appliquant chez les différents individus à des objets différents. Rien de plus varié au fond que ce sentiment de la liberté intérieure que les psychologues classiques se représentaient comme identique chez tous les hommes. « Chacun, dit Nietzsche, se tient pour libre là où son *sentiment de vivre* est le plus fort ; partant, tantôt dans la passion, tantôt dans le devoir, tantôt dans la recherche scientifique, tantôt dans la fantaisie. Ce par quoi l'individu est fort, ce dans quoi il se sent animé de vie, il croit involontairement aussi que cela doit être aussi toujours l'élément de sa liberté ; il met ensemble la dépendance et la torpeur ; l'indépendance et le sentiment de vivre comme des couples inséparables.

— L'homme fort est aussi l'homme libre ; le sentiment vivace de joie et de souffrance, la hauteur des espérances, la hardiesse des désirs, la puissance de la haine sont l'apanage du souverain et de l'indépendant ; tandis que le sujet, l'esclave, vit opprimé et stupide[1]. » La liberté de l'individu, c'est la dose supérieure d'énergie vitale ; c'est la diversité ; c'est la volonté d'indépendance ; c'est l'originalité triomphante.

Ici nous voyons se dessiner l'antinomie entre l'individu et la société. La volonté de l'individu aspire à la diversité, à la puissance, à l'indépendance ; la société s'efforce de réprimer ce triple effort de la volonté individuelle[2].

La société veut s'assujettir les volontés comme les sensibilités et les intelligences. Elle veut discipliner les actes comme les sentiments et les idées. Dans un groupe, c'est toujours un peu un scandale quand un individu réclame en faveur du droit d'arranger sa vie à sa guise, en faveur de la liberté des goûts, des poursuites, de la conduite privée ou publique.

La marche de la civilisation semble aller, à cet égard, dans un sens contraire à l'individualisme.

1. Nietzsche. *Le voyageur et son ombre*, § 9.

2. « Chacun aime la licence, dit de Bonald ; et tous veulent l'ordre, et, certes, ici la volonté générale de la société n'est pas la somme des volontés particulières des individus. »

Dans les pays neufs, les lois sont moins nombreuses, les relations sociales sont moins codifiées. Il en résulte qu'on peut commettre, sans être inquiété, une foule d'actes qui seraient interdits dans un pays moins neuf et par conséquent plus policé. Dans un pays vieux, dans une société policée, la plupart des actes de la vie physique et intellectuelle sont réglés par des lois. Renan remarque que Jésus n'eût pas fait dix pas dans nos rues sans se faire arrêter pour désordre sur la voie publique. — Un certain état de flottement dans les conceptions intellectuelles laisse, dans les sociétés peu civilisées, une plus grande latitude à la fantaisie individuelle et ne lui interdit même pas les incursions dans le domaine du merveilleux. Prenons comme exemple la résurrection de Lazare. On concevait en Judée la possibilité de la résurrection d'un mort. Aujourd'hui un tel fait serait légalement comme scientifiquement impossible. Chez nous, Lazare n'aurait nul droit à ressusciter. Un de nos contemporains qui se permettrait cette fantaisie aurait à subir une foule d'ennuis. La résurrection n'étant pas prévue dans nos codes, la situation du ressuscité serait anormale et, légalement parlant, intenable.

Dans nos sociétés, la pauvreté est un obstacle presque invincible à l'action indépendante et à la mise en valeur de l'originalité. Renan insiste également dans la *Vie de Jésus* sur cette idée que les pauvres, dans les pays d'Orient, sont moins pauvres et plus cultivés que chez nous. Les besoins de la vie y sont trop réduits pour que la pauvreté y soit dure à supporter. Le pauvre d'autre part y avait des loisirs et souvent une culture sentimentale très raffinée. C'est ce qui explique que Jésus, bien que pauvre, put s'élever à une culture supérieure et acquérir une influence exceptionnelle. Il put aisément répandre ses doctrines dans ce petit pays de Judée où l'action du pouvoir central n'existait pas ou du moins était peu encombrante.

Mais avec le développement social, la part de l'imitation, du conformisme, de la réglementation, de l'action routinière et imposée va croissant ; celle de l'action personnelle, vraiment réfléchie et voulue, va en diminuant. On est amené à délibérer sur un nombre d'actes de moins en moins grand, les pratiques sociales étant mieux fixées et la réglementation plus minutieuse. — On peut remarquer encore que la discipline sociale est d'autant plus forte dans les sociétés très civilisées, que les peines sociales y sont moins brutales. La discipline de l'opinion, des mœurs, des idées, de la sociabilité est plus douce, plus généralement applicable et plus efficacement appliquée pour détruire l'originalité que les moyens violents, que leur violence même rend d'un emploi difficile et exceptionnel. On comprend que Renan ait pu, à la fin de la vie de Jésus, poser cette question : la grande originalité renaîtra-t-elle ou le monde se contentera-t-il désormais de suivre les voies ouvertes par les hardis créateurs des vieux âges[1] ?

Aux prétentions d'une discipline sociale de plus en plus envahissante, l'individualisme oppose sa réclamation en faveur de l'individu.

Mais de quel individualisme s'agit-il ?

Nous pouvons distinguer ici, comme nous l'avons fait précédemment, à propos de l'intelligence et de la sensibilité, deux espèces d'individualisme. L'individualisme stirnérien est l'individualisme de la différenciation pure et simple ; de la différenciation quelle qu'elle soit et à tout prix. C'est l'individualisme de l'aventurier, du condottiere, de l'apache aussi bien que l'individualisme du grand homme d'État ou de guerre, du conducteur d'hommes, du créateur de valeurs. C'est l'individualisme d'Erostrate ou de César Borgia aussi bien que celui de Jésus, de Périclès ou de Washington.

1. Stuart Mill constate la tendance au despotisme croissant de la société sur les actes de l'individu. « A part les doctrines particulières des penseurs (Comte) qui visent à établir un despotisme de la société sur l'individu, il y a aussi dans le monde une forte et croissante inclination à étendre d'une manière outrée le pouvoir de la société sur l'individu et par là force de l'opinion, et par celle de la législation. Or, comme tous les changements qui s'opèrent dans le monde ont pour effet d'augmenter la force de la société et de diminuer le pouvoir de l'individu, cet empiètement n'est pas un de ces maux qui tendent à disparaître spontanément, bien au contraire, il tend à devenir de plus en plus formidable. » (*Essai sur la liberté*, ch. I.)

Mais on peut concevoir un autre individualisme qu'on peut appeler individualisme aristocratique ou héroïque : c'est l'individualisme de ceux qui s'originalisent par une action utile et durable exercée sur leurs semblables.

L'individualisme stirnérien, uniciste, égotiste, est forcément antisocial. C'est l'individualisme de la révolte pour la révolte.

L'individualisme aristocratique n'est pas, dans son principe, antisocial comme l'autre. Il fait une part à la sociabilité ; il tient compte des intérêts sociaux, il se dévoue pour quelque grande cause. L'amour du risque, l'intrépidité sont mis ici au service d'une idée sociale. Aussi bien, pour établir des rangs entre les hommes au point de vue de l'originalité féconde, est-il nécessaire de faire appel à des considérations sociales. L'idée d'héroïsme implique une sociabilité supérieure. C'est à cause des conséquences sociales de son initiative que le Stockmann d'Ibsen est regardé comme un héros. D'ailleurs l'homme supérieur, s'il s'isole de son groupe, ne s'isole pas de toute société. Stockmann s'isole de sa petite ville ignorante, intolérante et égoïste ; mais il ne s'isole pas d'une société supérieure et idéale, celle des savants, des médecins dont il a reçu l'enseignement et dont il garde l'esprit. L'individualisme aristocratique n'est pas une révolte absolue à l'égard de toute société. C'est un individualisme relatif qui s'attaque à la société actuelle au nom d'un idéal supérieur de sociabilité.

Toutefois l'antinomie entre l'individu et la société, entre la personnalité et la sociabilité ne disparaît pas. Même chez l'homme supérieur, le créateur de valeurs, le héros, il faut tenir compte du conflit qui divise et oppose en chacun de nous les deux éléments de notre nature : le *moi* et le *nous*, l'égoïsme et l'altruisme, la personnalité dans ce qu'elle a d'entier, d'indépendant et d'intransigeant et la sociabilité qui réclame des concessions incessantes de la part de l'individu.

Le conducteur d'hommes, l'homme qui détient l'autorité ou qui aspire à l'autorité ne peut réussir dans sa mission qu'en sacrifiant une bonne part de sa personnalité ; qu'en renonçant à bien des désirs d'indépendance, à bien des velléités de révolte. Commander comme obéir exige une perpétuelle abnégation, un véritable oubli de soi. Il ne faut pas croire que l'autorité dispense d'obéir ni même qu'elle diffère de l'obéissance autant qu'il peut sembler au premier abord. Celui qui commande doit tenir grand compte des volontés, des désirs conscients ou inconscients de ceux qu'il veut diriger. La somme de pouvoir personnel éparse dans le monde est très petite.

Cette idée se trouve ingénieusement exprimée dans une anecdote racontée par le comte de Gobineau. La reine Victoria, voyageant sur une côte d'Afrique, interrogea un roi nègre et lui demanda s'il pouvait se faire obéir de ses sujets. Le roi nègre lui fit cette réponse : « Je leur obéis bien, moi ; pourquoi donc me désobéiraient-ils ? » Cette parole semble bien indiquer combien est réduit le rôle de l'autorité. Il n'y a guère d'autre moyen de se faire obéir des hommes que de leur obéir soi-même. L'homme qui acquiert le plus d'ascendant sur les autres est celui qui est le plus influencé par l'esprit de son temps et qui se modèle le mieux sur lui. Et ceci expliquerait que l'autorité ne s'attache pas spécialement à l'originalité de l'esprit ni à son affinement. Ces qualités seraient plutôt propres à empêcher de l'acquérir. Un Gœthe a souvent exprimé cette nécessité pour l'homme supérieur de s'harmoniser avec son milieu et, dans une large mesure, de se plier à lui. « Vivre, dit-il, c'est s'adapter ». Or, s'adapter c'est toujours un peu obéir ; c'est sacrifier, c'est abdiquer une parcelle de sa personnalité. En conformité avec sa maxime, Gœthe se pliait assez volontiers aux exigences des milieux et des situations. Le contraste de son attitude avec celle de Beethoven lors d'une rencontre qu'ils firent ensemble de la famille impériale montre la différence qu'il y a entre une personnalité qui sait « plier » et une personnalité indomptée comme celle de Beethoven[1].

____

1. Voir sur cette anecdote une lettre de Beethoven à Bettina von Arnim citée dans le *Beethoven* de M. Romain Rolland. « Bee-

Ce que nous avons dit plus haut du rôle réduit de l'autorité est surtout vrai en démocratie. La démocratie diminue autant que possible l'initiative des hommes supérieurs et son idéal semble bien être le chef nègre dont parle de Gobineau. C'est pourquoi l'homme supérieur éprouve si souvent la douleur de devoir abandonner la meilleure partie de son idéal ou de voir cet idéal travesti, abaissé, dévié et caricaturé dans les faits. Il est à craindre que ceux qui croient l'âme des foules capable de comprendre un haut idéal ne se fassent illusion. M. G. Sorel salue l'héroïsme du prolétariat, il croit à la vertu de la grève comme inspiratrice de sentiments chevaleresques. « Les grèves, dit-il, ont engendré dans le prolétariat les sentiments les plus nobles, les plus profonds, et les plus moteurs qu'il possède. » Les vertus chevaleresques du prolétariat sont sans doute fort exagérées par M. Sorel. Les masses ouvrières ont tous les traits de l'âme grégaire. Elles sont intéressées, cupides, envieuses, tyranniques, jalouses de toute supériorité. C'est avec elles surtout qu'est vrai le mot : Si tu veux commander, commence par obéir.

En résumé l'individualisme aristocratique ou héroïque aboutit à une constatation découragée du peu

thoven, disait Gœthe à Zelter, est malheureusement une personnalité tout à fait indomptée ; il n'a sans doute pas tort de trouver le monde détestable ; mais ce n'est pas le moyen de le rendre agréable pour lui et pour les autres. »

d'influence de la personnalité supérieure et des concessions qu'elle doit faire au milieu social, à la sociabilité inférieure et grégaire.

*   *
*

Nous arrivons au terme de l'analyse à laquelle nous nous sommes proposé de soumettre l'intelligence, la sensibilité et la volonté, en vue d'y relever les conflits entre le *moi* et le *nous*, entre la personnalité et la sociabilité. Au terme de cette analyse, l'idée de l'individualité se dégage nettement de l'idée de la sociabilité. Autre chose est la personnalité physio-psychologique ; autre chose est la personnalité sociale. Celle-ci se superpose à la première, la prolonge et la complète ; mais c'est en la dénaturant, en la comprimant, en lui faisant violence. En nous la personnalité originelle résiste à l'autre et le conflit de ces deux forces ennemies paraît insoluble. Il ne servirait de rien, pour essayer de dissimuler cette antinomie, de nier du point de vue biologique et psychologique, la réalité du moi individuel[1].

Ce serait là confondre deux questions différentes :

----

1. Guyau semble le faire dans le passage suivant : « De même que le moi, en somme, est, pour la psychologie contemporaine, une illusion, qu'il n'y a pas de personnalité séparée, que nous sommes composés d'une infinité d'êtres et de petites consciences ou états de conscience, ainsi l'égoïsme, pourrait-on dire, est une illusion. (*Esquisse d'une morale sous obligation.*)

celle de la réalité substantielle ou métaphysique du moi et celle de sa différenciation et de son indépendance sociale. Que le moi se réduise, comme le veut Guyau, à une collection de petites consciences ; qu'il ne soit, comme le soutient M. Le Dantec dans son livre : *L'individualité et l'erreur individualiste*, qu'une intégration jamais achevée de petites personnalités secondaires p, p′, p″... qui s'ajoutent les unes aux autres et forment une série de médaillons dissemblables et discontinus, malgré l'apparence de continuité du moi, que l'individualité ne soit, suivant la conception de Stirner lui-même, qu'une série d'instantanés ; peu importe pour la question qui nous occupe : celle de l'indépendance de l'individualité relativement aux influences sociales et du conflit possible entre l'originalité individuelle et les conformismes sociaux. En effet, les états d'âme instantanés qui se succèdent comme un défilé d'images cinématographiques ont tous, pour une individualité donnée, une teinte commune, une même coloration sentimentale. Cela suffit pour que le moi se reconnaisse, pour qu'il se différencie du voisin, pour qu'il s'oppose au *nous*. Ni Stirner, ni M. Le Dantec dont les vues se rapprochent beaucoup de celles de Stirner, ne nient la différenciation des moi. Tout au contraire. D'après M. Le Dantec, Pierre est un être originellement différent de Paul, composé d'une étoffe corporelle et mentale qui lui est absolument propre. Quant à Stirner, son instantanéisme ne l'empêche pas d'être le théoricien de l'unicité du moi.

L'antinomie psychologique est l'antinomie fondamentale. Les autres antinomies que nous allons maintenant passer en revue : antinomies esthétique, pédagogique, économique, politique, juridique, sociale et morale ne sont qu'une extension, une application et une dépendance de cette antinomie primordiale.

CHAPITRE V

L'ANTINOMIE ESTHÉTIQUE

Étudions d'abord l'antinomie esthétique qui semble un prolongement immédiat de l'antinomie psychologique.

En esthétique, le problème qui se pose est le suivant : Quelle part convient-il de faire aux facteurs sociaux et aux facteurs individuels dans l'art et dans l'émotion esthétique? Dans quelle mesure ces deux sortes d'éléments se concilient-ils ? Dans quelle mesure la société tolère-t-elle, favorise-t-elle ou au contraire détruit-elle l'inspiration de l'artiste et l'originalité esthétique? Dans quelle mesure l'attitude esthétique est-elle un principe d'isolement intellectuel et sentimental ou est-elle compatible au contraire avec la sociabilité générale?

Pour embrasser la question dans toute son étendue, nous considérerons l'art successivement dans ses origines et dans son évolution ; puis dans son objet, enfin dans sa fonction ou sa fin.

A propos de chacun de ces problèmes, nous rencontrerons une double solution : l'une sociale ou sociologique[1] qui met en lumière de préférence les facteurs sociaux et les aspects sociaux de l'art; l'autre individualiste qui attribue plus d'importance aux facteurs et aux aspects individuels.

Examinons d'abord l'origine et l'évolution de l'art.

Ici la question est la suivante : quelle est la part qui revient à la société et à l'individu dans la genèse de l'art? La part de l'un n'est-elle pas en raison inverse de la part de l'autre? Ce que gagne l'un, l'autre ne le perd-il pas?

D'après la thèse individualiste, l'art aurait son origine dans l'inspiration personnelle de certains hommes doués d'une sensibilité plus vive que les autres et capables d'exprimer plus fortement leurs émotions. D'après la thèse sociologique, l'art est chose essentiellement sociale; il a son origine dans les besoins et les sentiments sociaux; il exprime moins l'originalité sentimentale des individus que l'âme collective.

Cette dernière théorie est exacte en grande partie en ce qui concerne l'art primitif. Un esthéticien, M. Gunmere[2], voit dans la poésie non une manifestation privée qui aurait son origine dans tel ou tel

1. Guyau peut être regardé comme le représentant le plus net de la conception sociale de l'art. « L'art, d'après Guyau, est social à trois points de vue différents : par son *origine*; par son *but*; enfin par son *essence* même ou sa *loi* interne ». (Guyau. *L'art au point de vue sociologique* (F. Alcan), introduction par M. Fouillée.)

2. Gunmere. *The Beginnings of Poetry* (New-York, 1901).

sentiment individuel, mais une « institution sociale » qui joue un rôle dans la vie publique. « Aussi bien chez les sauvages que dans les divers pays d'Europe, la poésie primitive a été essentiellement une chose dite en chœur. Le chant en commun, le choral, voilà la cause du rythme. Le choral primitif suppose non seulement un groupe d'hommes, mais un groupe d'hommes qui concertent leurs voix ainsi que leurs gestes, qui forment une même masse dansante[1]... »

Pour établir que les éléments communaux prédominent dans la poésie primitive, M. Gunmere s'appuie sur deux formes de poésie qui ont dominé primitivement en Europe : la ballade et le vocero ou chant de lamentation. La source de l'inspiration se trouverait dans le groupe, le clan, ou la guilde réunis, chantant et dansant. — Ce n'est pas que M. Gunmere rejette absolument de la poésie primitive l'influence de l'inspiration individuelle. Après avoir constaté le développement considérable que prend le rôle de cette dernière dans les civilisations plus avancées, il ajoute : « Il faut reconnaître que l'individu n'aurait pu prendre cette place dans le développement de la poésie s'il n'avait joué quelque rôle dès l'origine et si la masse avait eu, comme le voulait Grimm, une sorte de faculté créatrice[2] ».

M. Gunmere fait donc une certaine part à l'action

1. *Année sociologique*, 1903, p. 560 (F. Alcan).
2. *Ibid.*

individuelle. « La ronde, la danse, le rythme sont l'œuvre de la foule; mais sur le fond du thème ainsi donné les individus apportent des variations personnelles ».

Quoi qu'il en soit, et en dépit de cette légère part faite par l'auteur à l'inspiration individuelle, on peut admettre qu'en poésie comme ailleurs l'individu compte pour peu de chose dans les sociétés primitives. Il est absorbé dans le groupe et annihilé par lui. « Que l'on admette un milieu social guerrier, Sparte par exemple, dit Guyau, et qu'il vienne à y naître, par une de ces variations fortuites que la théorie de la sélection est forcée d'admettre, un homme doué de sentiments délicats et pacifiques; évidemment cet homme essaiera de ne point modifier son âme, de ne pas accomplir des actes qui lui répugnent. S'il le peut, il s'efforcera de se consacrer à des fonctions autres que celles de guerrier : il voudra devenir prêtre, poète national. S'il n'y parvient pas, si le milieu social est à la fois extrêmement homogène et hostile, c'est-à-dire si presque tous ses compatriotes ont des sentiments hostiles aux siens, il devra sans doute se plier ou se résigner à mener une vie de mépris. A cette période de l'histoire, il faudra nécessairement posséder un invincible génie pour n'être pas assimilé[1]. »

----

1. Guyau. *L'art au point de vue sociologique*, p. 36 (F. Alcan).

A cette époque, l'antinomie entre le groupe et l'individu est à son maximum. Le groupe répugne à toute manifestation de l'individualité; et l'individualité est fatalement écrasée et réduite au silence. Il n'en est plus de même plus tard, du moins au même degré. Avec l'évolution des sociétés, avec leur croissance en étendue et en hétérogénéité, l'oppression sociale perd de sa force et l'individualisme fait des progrès. L'art cesse d'être uniquement un facteur coopérant à la solidarité entre les hommes.

La poésie se dissocie bientôt de la danse et de la musique auxquelles elle était d'abord unie. Elle est déjà prête à s'individualiser et elle va le faire de plus en plus par la suite. Plus nous allons, plus s'atténue le côté social de l'art; plus s'accentue l'individualisme esthétique, comme l'individualisme intellectuel et sentimental dont il est une conséquence.

Sans doute un art rigoureusement individuel est inconcevable. L'isolement absolu de l'artiste, le pur monologue poétique, l'attitude du musicien qui joue du violon pour les araignées est un simple paradoxe esthétique. Mais on voit triompher de plus en plus chez l'artiste la tendance à exprimer ses sentiments personnels et non plus ceux de la masse. L'histoire de la poésie et du roman au XIXe siècle atteste une évolution vers un subjectivisme de plus en plus marqué.

Si l'on essaye de caractériser ce subjectivisme esthétique, on pourra y reconnaître les traits suivants : d'abord une tendance irrationaliste qui a pour formule esthétique l'impressionnisme. Le monde apparaît à l'artiste impressionniste comme un flux et un reflux de sensations, comme un remous d'apparences fugaces, comme une aurore boréale ou un feu d'artifice sentimental. Le symbolisme est une autre conséquence de l'irrationalisme esthétique. Si le monde tel qu'il est en lui-même nous échappe et si nous n'en saisissons que d'illogiques et incompréhensibles apparences, l'artiste ne peut ambitionner de donner de la réalité qu'une expression symbolique et il choisit forcément les symboles appropriés à sa propre sensibilité[1].

Un autre trait du subjectivisme esthétique est une prédilection pour les raffinements de la sensibilité et de l'imagination (par exemple les synesthésies sensorielles qui jouent un si grand rôle dans l'art symboliste et décadent). Enfin on peut signaler le goût de l'isolement dans la tour d'ivoire; l'éloignement pour l'action, le dédain de toute idée morale et sociale. L'œuvre d'art devient un simple moyen d'ex-

---

[1]. « L'individu est anormal : on ne le classe que par les limitations imposées à ses manifestations extérieures ; intérieurement, il est anormal, il est un être dissemblable des êtres qui lui ressemblent le plus. L'art, que je considère ici comme une des facultés de l'âme individuelle, est donc, de même que l'individu lui-même, anormal, illogique et incompréhensible. » (R. de Gourmont. *L'Idéalisme*. L'art libre et l'esthétique individuelle.)

pression individuelle et de jouissance individuelle ; parfois une cure d'âme, une station de psychothérapie, un exutoire de sentiments qui gênent la sensibilité, qui cherchent une issue et dont on se libère en les exprimant.

Ce développement de l'individualisme esthétique suppose une tolérance sociale inconnue aux sociétés primitives.

Aujourd'hui la législation n'intervient plus pour imposer des règles aux artistes ou pour sévir contre les œuvres d'art non conformistes, comme cela avait lieu aux temps où l'art avait une fonction religieuse et sociale. La censure esthétique est abolie. Il n'y a d'exception à cette tolérance que pour le cas d'atteinte directe à la morale (pornographie). Aujourd'hui, l'art est, comme la religion, chose privée et par suite les pouvoirs publics n'ont rien à y voir.

L'opinion est également assez tolérante pour les manifestations de l'individualisme esthétique. Du moins elle ne sévit pas contre elles d'une manière positive ; elle n'applique aux œuvres qui s'écarteraient trop du goût et du sentiment général que les sanctions négatives de l'indifférence, de l'ignorance et du silence.

Le libéralisme du public est tel à cet égard que les promoteurs de ligues contre l'immoralité de certaines manifestations esthétiques trouvent peu d'écho et de faveur dans le public. La raison pour laquelle il existe une assez grande tolérance pour les manifestations esthétiques, c'est sans doute que les questions d'art n'intéressent pas directement le grand public ; c'est qu'elles ne touchent pas aux côtés extérieurs, visibles et tangibles de la vie sociale ni aux intérêts matériels du grand nombre. Beaucoup regardent l'art comme un divertissement et un passe-temps et admettent que de même que chacun a le droit de prendre son plaisir où il le trouve, chaque artiste a le droit d'amuser et d'intéresser son public à sa façon. — **Le blâme moral et social, le désir de réglementation, de répression et de limitation de la liberté de l'art ne s'expriment chez nous avec une certaine âpreté que chez des spécialistes ou des professionnels de la morale : sociologues, éducateurs, professeurs, pasteurs.**

Quant à l'intolérance **proprement esthétique, elle ne se rencontre guère que dans les écoles artistiques et littéraires, les chapelles, les cénacles qui décernent aux artistes amis ou dissidents des brevets de talent ou de sottise. Les cénacles littéraires ou artistiques restent d'ailleurs assez indifférents en général au côté social et moral de l'art. L'ancienne critique dogmatique, telle que la concevaient Boileau, La Harpe, Nisard ou Brunetière, la critique qui fixait des étalons moraux, sociaux, littéraires et qui reconnaissait aux œuvres plus ou moins de valeur suivant qu'elles se conformaient plus ou moins à** ces étalons semble de plus en plus abandonnée.

Si la tolérance du public et même des critiques à l'égard de l'individualisme artistique est assez grande de nos jours, cela ne veut pas dire que l'originalité esthétique en soit facilitée. Il en est de l'art comme de la science et de la philosophie. La part de plus en plus grande faite à l'éducation, à l'instruction et à l'imitation, la spécialisation croissante des procédés et des aptitudes, la nécessité croissante d'un apprentissage laborieux, les exigences d'une technique artistique minutieuse, les disciplines compliquées et les raffinements voulus des nouvelles écoles poétiques et artistiques sont autant de barrières à l'essor de l'imagination, autant d'obstacles à la spontanéité de l'inspiration. Il est difficile de trouver du nouveau. Les nouvelles formes d'art sont vite usées et confessent bientôt leur épuisement et leur stérilité[1]. C'est en vain que beaucoup s'ingénient à renouveler les anciennes formes d'art, à secouer les routines; ils font rarement œuvre vivante.

D'un autre côté les conditions politiques et sociales modernes ne favorisent pas beaucoup l'inspiration. Peu d'artistes partageraient aujourd'hui l'espoir un peu naïf de Mme de Staël qui croyait que la littérature pourrait trouver dans les nouvelles conditions sociales des causes de renouvellement, que le théâtre,

---

1. Voir ce que dit Huysmans de l'école naturaliste et du roman en général. (Préface de *A Rebours*, p. xviii.)

la philosophie et l'éloquence seraient appelés à un éclat imprévu [1]. On peut trouver au contraire que la démocratie niveleuse, la prédominance dés préoccupations politiques, électorales, etc., les progrès de la centralisation et par suite l'uniformité croissante des idées, des mœurs, du langage, du costume, de tous les aspects de la vie sociale ne sont pas de nature à esthétiser le spectacle du monde ni à favoriser l'originalité.

En art comme ailleurs jamais on n'a tant aspiré à l'originalité; jamais peut-être l'originalité réelle n'a été plus difficile ni plus rare.

Nous avons dit qu'à défaut de l'intolérance du public, l'individualisme esthétique encourt l'hostilité des moralistes. C'est à propos de la question de l'objet de l'art que s'accuse le conflit entre la morale qui représente l'intérêt social et l'individualisme esthétique qui fait abstraction des considérations sociales et morales. En ce sens, la théorie de l'art pour l'art est une forme de l'individualisme esthétique. En effet, pour l'adepte de l'art pour l'art, pour l'esthète pur, le but de l'art ne peut être que la représentation de la beauté. La beauté, voilà l'essentiel, l'unique objet de l'art. Aux yeux du moraliste, au contraire, l'idée de beauté est une idée suspecte, sinon franchement immorale. — Pourquoi immo-

----

1. Voir G. Sorel, *Les Illusions du Progrès*, p. 225.

rale? Parce que l'idée de beauté renferme, qu'on le veuille ou non, un élément de jouissance égoïste; un élément de distinction et de suprématie égoïste, une volonté d'individuation et d'inégalité, un germe d'orgueil et un ferment de discorde.

La beauté est un objet de volupté égoïste. En effet, toute beauté est sensible et, dans une certaine mesure, sensuelle et charnelle. Elle parle aux sens. Certains esthéticiens ne rattachent-ils pas toute idée de beauté à l'idée de la beauté de la femme et à la jouissance sexuelle? Stendhal n'a-t-il pas défini en ce sens la beauté : une promesse de bonheur?

La beauté est un principe de suprématie égoïste. En effet l'idée de beauté est une idée aristocratique. La beauté correspond à une supériorité de force, de vie, de puissance; elle procède d'un désir de se distinguer et d'être distingué[1]. La beauté est la différence humaine, l'exception humaine sous sa forme la plus voyante, la plus glorieuse, la plus

---

1. Voir sur cette conception de la beauté le livre de M. L. Bray : *Du beau. Essai sur l'origine et l'évolution du sentiment esthétique* (F. Alcan). Voir aussi Nietzsche : *Par delà le Bien et le Mal* et surtout la partie de la *Volonté de Puissance* où Nietzsche expose sa physiologie de l'art. D'après Nietzsche, la beauté est le signe auquel se reconnaissent les nobles exemplaires humains, à un degré supérieur ces « superbes plantes tropicales... ces êtres d'élite qui pourront s'élever jusqu'à une tâche plus noble et jusqu'à une existence plus noble, semblables à cette plante grimpante d'Asie, ivre de soleil — on la nomme Sipo-matador — qui enserre un chêne de ses lianes multiples, tant qu'enfin, bien au-dessus de lui, mais appuyée sur ses branches, elle puisse développer sa couronne dans l'air libre, étalant son bonheur aux regards de tous ». (*Par delà le Bien et le Mal.*)

enviée, presque la plus agressive. Car la beauté sous toutes ses formes, beauté sexuelle, beauté artistique, beauté comme manifestation de vie, d'énergie et de force, est un principe de division, d'inégalité, de rivalité et de discorde. Par là elle contredit les idées proprement morales d'égalité, de justice, d'unité morale, de fusion des âmes, de renoncement à la personnalité.

Ajoutons à cela, dans l'idée de beauté, un élément de subjectivisme et d'illusion par où elle alarme les croyants en une vérité morale objective et impérative. La beauté est une création de l'imagination humaine; elle est un mensonge charmant, une illusion enchanteresse. Elle substitue au monde réel et à la vie pratique où nous devons déployer notre activité utile et remplir notre tâche d'êtres moraux, une image de rêve, un mirage qui nous abuse et nous égare. La beauté est un opium moral; elle est un principe d'ivresse, c'est-à-dire de jouissance égoïste. Elle détourne les hommes de l'action vers la contemplation; elle les enlève au service de la sociabilité. Anathème donc à la beauté séductrice; à la maîtresse trop séduisante qui éloigne l'époux de l'épouse légitime.

L'idée de beauté renferme enfin un élément de fantaisie, de liberté individuelle intolérable aux moralistes. Elle représente la liberté de la passion: l'apothéose de la joie de vivre. Représenter la beauté, glorifier la beauté, c'est glorifier la nature, c'est-à-dire la passion, c'est-à-dire le mal.

Jouissance sensuelle et égoïste, joie de se distinguer et d'être distingué, volonté d'individuation et de suprématie, ferment d'orgueil, d'envie et de rivalité, joie égoïste du rêveur oisif et contemplatif, oublieux des tâches et des obligations sociales, appel à la liberté de la passion et à la joie de vivre, la Beauté est tout cela et par tout cela, elle représente l'égoïsme, l'amour de la personnalité, le dédain de la morale. Elle est la Circé éternelle, honnie et maudite par les moralistes.

C'est pourquoi ces derniers ont toujours tenté de l'éliminer de l'art ou du moins de la subordonner à des idées étrangères : idée de vérité, idée du bien, idée d'utilité sociale et de sociabilité.

C'est ainsi que pour les moralistes intellectualistes la beauté se définit par la part de vérité impersonnelle qu'elle enveloppe et qu'elle exprime. Elle vaut uniquement comme moyen d'enseignement social et d'amélioration sociale. — Pour Guyau, la beauté se définit en fonction de la sympathie humaine. « Elle se mesure à la largeur et à la profondeur de la sympathie qu'elle réalise et qu'elle excite[1] » la beauté est un moyen de communion morale et de solidarité accrue. —

1. Fouillée. *Nietzsche et l'Immoralisme* (F. Alcan).

Avec Tolstoï, la thèse morale et sociale s'exagère jusqu'au mysticisme et produit toutes ses conséquences logiques : la négation de la beauté, la condamnation de la beauté, l'anathème contre la beauté. La beauté est chassée de la république chrétienne de Tolstoï, sans avoir même la consolation de la couronne de fleurs dont la gratifiait Platon. L'art est complètement dissocié de la beauté et Tolstoï en vient à tenir cette gageure étonnante pour un esthéticien et un artiste, de vouloir définir l'art « abstraction faite de cette conception de la Beauté qui ne fait qu'embrouiller la question [1] ».

Ainsi l'esthéticien individualiste et le moraliste comprennent diversement le rôle et l'importance de la beauté en art. L'esthéticien individualiste est un amant exclusif de la beauté. Pour lui, l'idée de la beauté se suffit à elle-même et prime toutes les autres. Le moraliste, lui, tient la beauté en suspicion ; il l'élimine ou du moins ne lui accorde en art qu'une place subordonnée.

L'esthéticien individualiste et le moraliste ne s'opposent pas moins dans leur façon d'entendre la fonction de l'art.

D'après Guyau, l'art est le grand trait d'union des âmes ; il est une bénédiction sociale avant d'être une joie individuelle. Il est le serviteur de la vie,

---

1. Tolstoï. *Qu'est-ce que l'Art ?*

c'est-à-dire de l'altruisme. Il est le grand messager de paix, le musagète de la fraternité humaine.

Selon Tolstoï, l'art consiste à « faire passer les conceptions religieuses du domaine de la raison dans celui du sentiment[1] ». L'art doit être le grand adversaire de la personnalité et de l'individualisme. « Toute œuvre d'art doit émouvoir tous les hommes de la même façon. A cette seule condition, elle est bonne et louable. » Le mal, c'est l'individuation, le bien c'est la dépersonnalisation. L'art doit travailler à la dépersonnalisation des âmes.

Mais comment une œuvre d'art émouverait-elle tous les hommes de la même façon ? Les âmes sont trop différenciées pour que l'art qui est précisément le domaine où s'affirme le mieux cette différenciation en arrive jamais à produire l'uniformité de sentiments souhaitée par Tolstoï. — Quant à Guyau, il oublie que si l'art est, en un sens, un élément de sympathie humaine, il est aussi, en un autre sens, un ferment de rivalités et de discordes. Les haines littéraires et artistiques, nous l'avons dit déjà, ne sont pas les moins ardentes. C'est pourquoi l'esthéticien individualiste sépare les genres[2] et

____

1. Tolstoï. *Qu'est-ce que l'Art?*

2. Schopenhauer a marqué finement l'opposition de l'art et de la morale. « La bonne volonté est tout en morale. dit-il : dans l'art, elle n'est rien. Ici, comme l'indique le nom même de l'art (*Kunst*), ce qui compte, c'est le pouvoir. » La bonne volonté, la

n'attribue à l'art aucune fonction sociale ni morale. Loin de demander à l'œuvre d'art d'émouvoir tous les hommes de la même façon, il considère que la fonction et l'intérêt de l'art est d'exprimer l'originalité sentimentale de l'artiste, sa représentation du monde dans ce qu'elle a de plus intime et de plus personnel.

Que cette originalité soit forte ou faible, simple ou compliquée, que l'inspiration de l'artiste soit joyeuse ou triste, enthousiaste et exubérante ou concentrée et contenue, ce sont là des questions secondaires. L'originalité sentimentale présente des degrés et des aspects infinis. Il faut tous les admettre. Si chaque homme et, en tous cas, l'artiste qui par définition est un être différencié se fait une représentation particulière de l'univers, à chaque représentation personnelle doit correspondre nécessairement une traduction, c'est-à-dire un art personnel.

Nietzsche nous paraît avoir tiré de son principe de la volonté de puissance une esthétique trop exclusive qui se résume en un classicisme intransigeant [1].

---

volonté morale, c'est la volonté se conformant à la loi, à la discipline commune. On comprend qu'en art cette volonté de conformisme soit sans valeur. Car en art il ne s'agit pas de se conformer à une norme ; il s'agit, pour l'artiste, d'exprimer d'une manière forte et neuve son originalité sentimentale.

1. « La simplification logique et géométrique est une conséquence de l'augmentation de force ; d'autre part, la perception de pareilles simplifications rend intense le sentiment de la force... Sommet de l'évolution : le grand style. » (*Volonté de puissance*, § 359).

Au nom de ce principe de la volonté de puissance,
il prononce la condamnation d'un certain nombre
de formes d'art qui correspondent selon lui à une
vitalité amoindrie : l'art réaliste, l'art pessimiste,
l'art décadent, l'art impressionniste. Nietzsche condamne dans le réalisme cette objectivité, cette im-
personnalité, cette impassabilité voulue (à la Flaubert) qui sont en contradiction avec sa propre
apothéose de la vie. Le pessimisme est antiesthé-
tique en ce qu'il nie la vie. Le dilettantisme, l'art
décadent, l'impressionnisme sont enveloppés dans
le même anathème. — Soyons moins exclusifs. Il y a
bien des formes de vie et bien des degrés de vitalité.
Il y a aussi bien des formes et des degrés de beauté.
Sunt multae mansiones in domo... L'art réaliste, l'art
impassible à la Flaubert, l'art décadent sont des
formes d'art peut-être moins puissantes que l'art
classique admiré par Nietzsche ; mais cet art est le
seul capable de captiver certaines natures et d'ins-
pirer certains artistes. Il est impossible de méconnaître la beauté de l'art pessimiste d'un Baudelaire,
d'un Heine, d'un Leopardi, d'un Lenau, d'un Leconte
de Lisle, de même que celle de l'évocation du néant
qui termine si magnifiquement le *Monde comme
volonté et comme représentation*. Sans doute l'idée du
néant n'est pas par elle-même esthétique ; mais elle
peut s'exprimer au moyen d'images et de formes
esthétiques. Au moment où Leconte de Lisle chante

le néant, il ne le sent plus en tant que néant ; il jouit des formes que son imagination évoque et dont elle revêt l'idée du néant. — L'impressionnisme est la formule esthétique de l'instantanéisme psychologique théorétisé par Stirner et cet aspect de notre nature a droit comme les autres à sa traduction esthétique. Le roman d'analyse et d'autobiographie, tout ce que M. Brunetière déprécie sous le nom de littérature personnelle ; l'art subjectif, symboliste ou décadent, toutes ces formes d'art ont leur intérêt, leur beauté et leur droit à l'existence. Toute œuvre d'art est intéressante et peut être belle, du moment qu'elle est le commentaire sincère, ému, vivant, d'une individualité qui ose être elle-même. — Les questions d'écoles sont ici secondaires. Ce qui est intéressant, ce ne sont pas des différences d'écoles, mais des différences d'âmes. Et il peut y avoir autant ou plus d'originalité de pensée et de sentiment chez un romantique ou un symboliste que chez un classique. Toutefois une remarque importante s'impose en ce qui touche les rapports de ces différentes formes d'art avec la sociologie et la morale. — C'est que l'art classique n'a pas la même signification sociale et morale que l'art romantique ou que l'art décadent.

L'art classique représente la règle, l'ordre, la discipline, l'idée du gouvernement en art. Et certes, la règle, l'ordre, l'autorité en art ne sont pas la même chose que la règle, l'ordre, l'idée de gouvernement en politique et en sociologie. Pourtant les deux séries d'idées se tiennent de près. C'est pourquoi l'esprit classique est volontiers respectueux de l'ordre politique comme de la discipline esthétique ; il ne sera pas aisément un esprit de révolte et d'individualisme antisocial.

L'art classique est un art où l'originalité de l'artiste se subordonne volontairement à des règles étroites. L'artiste classique croit, selon la pensée de Gœthe, que « se subordonner », pour l'écrivain, ce n'est pas seulement servir la société, c'est se servir lui-même. L'esprit classique représente ainsi, à certains égards, une volonté d'unité esthétique, sociale et morale, une volonté d'obéissance à l'ordre établi, d'adaptation et de subordination de l'individu au milieu.

L'art romantique est au contraire un appel aux idées d'indépendance individuelle dans l'ordre esthétique et par contre-coup dans l'ordre social[1]. — Le caractère antisocial de l'art décadent est encore plus fortement marqué. L'art décadent exprime, comme l'a montré M. P. Bourget à propos de Baudelaire[2], une diminution de la solidarité

1. Il en est tout autrement de l'art réaliste à la Zola qui semble plutôt l'expression esthétique d'un déterminisme social annihilant l'individu.

2. *Essai de psychologie contemporaine*, t. I ; *Théorie de la décadence*, p. 19.

sociale ; une dissociation des éléments sociaux, une volonté d'indépendance, de différence individuelle, d'exception et de sécession, d'isolement sentimental. Cette volonté d'indépendance, cette culture esthétique raffinée, si elle produit des exemplaires humains d'une singularité plus saisissante, est par contre funeste à la santé et à la force de l'organisme social. Le sentiment et la volonté de différenciation se convertit aisément en principe de révolte antisociale. Car se sentir différent, se décerner ce brevet de différence, « n'est-ce pas s'égaler à toute la société ? N'est-ce pas du même coup, supprimer, pour soi du moins, les obligations du pacte social ? Pourquoi en effet respecterions-nous ce pacte, s'il est l'œuvre de gens avec lesquels nous n'avons rien de commun ? Quel cas pourrons-nous faire d'une opinion publique dont nous savons qu'elle est forcément hostile à ce que nous portons de meilleur en nous[1] ? » Ici l'individualisme esthétique réjouit l'individualisme moral ou plutôt se confond avec lui. La culture esthétique se pose en adversaire de la solidarité sociale.

Aussi bien le fait que les moralistes convient les artistes à mettre l'art au service de la sociabilité indique assez que l'accord n'est pas fait dans l'ordre esthétique, entre les deux parties ennemies de

------

1. P. Bourget. *Loc. cit.*, p. 323 (à propos de Stendhal).

notre nature : personnalité, sociabilité. L'appel à l'art social prouve que l'art est et reste en grande partie individualiste et qu'il contient, quoi qu'on fasse, un ferment d'indiscipline sociale et d'indépendance individuelle.

CHAPITRE VI

L'ANTINOMIE RELIGIEUSE

On peut se demander si le sentiment religieux ne donne pas lieu, lui aussi, à une antinomie entre les aspirations des sensibilités individuelles et les conformismes de groupe.

Au premier abord il semble qu'on ne puisse parler d'individualisme religieux. La religion, d'après l'étymologie elle-même, n'est-elle pas essentiellement un lien social (religare); lien entre les hommes et Dieu; lien surtout des hommes entre eux [1] ?

Il convient toutefois de remarquer que cette façon d'entendre la religion n'est pas la seule possible, ni même la plus exacte aujourd'hui. Il est arrivé à la religion ce qui est arrivé à l'art. Institution sociale d'abord, elle est devenue par la suite un simple fait de conscience individuelle; un état d'âme, une idée et un sentiment intérieurs; elle s'est individualisée de plus en plus [2]. En accomplissant cette évolution, elle a changé de caractère. En même temps

1. Voir Brunetière. *Religion et sociologie.*
2. Voir Rémy de Gourmont. *Le Chemin de velours*, p. 147.

qu'elle devenait plus intérieure, plus individuelle, la religion devenait plus différenciée, plus raffinée, plus compliquée, plus riche en nuances; plus scrupuleuse aussi; plus exigeante vis-à-vis d'elle-même, plus sublimée sentimentalement et intellectuellement, par suite plus critique, plus encline à l'analyse, à l'association, au doute et à l'hérésie.

C'est ici que la seconde forme de la pensée religieuse entre en conflit avec la première. La forme sociale de la pensée religieuse est l'orthodoxie; sa forme individualisée est l'hérésie. On sait la lutte qui, de tous temps, s'est engagée entre ces deux éléments. L'hérésie a été, au cours de l'histoire, le perpétuel dissolvant des orthodoxies. L'hérésie n'est pourtant, ni en intention, ni en fait, un véritable individualisme religieux. Car l'hérésie tend elle-même à se socialiser, à dépouiller sa nature originellement individuelle pour devenir à son tour une orthodoxie; cette dernière n'étant jamais qu'une hérésie qui a réussi. C'est pourquoi, si l'hérésie est un dissolvant de la communauté religieuse, elle est aussi pour cette communauté une perpétuelle cause de rajeunissement. Hérésie n'implique pas isolement absolu. Le sentiment religieux se comprend difficilement en dehors de toute sociabilité. Le moderne individualiste religieux, quand il fait appel à son expérience religieuse personnelle, n'est pas sans admettre au fond que cette expérience personnelle doit être aussi valable pour les autres hommes et il croit aux résultats heureux de *sa* religion non seulement pour lui, mais pour les autres.

Il n'en est pas moins vrai que l'idée religieuse n'exclut pas certains sentiments antisociaux ou même qu'elle les favorise. Plus d'une fois le mystique synthétise et symbolise en Dieu ses propres dégoûts de la société, son idéal antisocial. Il se réfugie en Dieu pour échapper à une société qu'il juge odieuse et intolérable. Il s'oppose directement en ceci aux métaphysiciens de la sociologie qui divinisent la société, qui voient en elle la source de tout bien et qui l'adorent comme un nouveau Jehovah. Les apôtres de la sociabilité, un Comte, un Guyau, ont fort bien vu ce côté antisocial de la pensée religieuse. Ils ont reproché au christianisme d'être un égoïsme transcendant, d'isoler l'homme par la préoccupation du salut personnel et par là de le détacher de la solidarité sociale. C'est en ce sens et dans ces limites qu'on peut parler d'un individualisme religieux et d'une antinomie entre la personnalité et la sociabilité dans l'ordre du sentiment religieux.

CHAPITRE VII

L'ANTINOMIE PÉDAGOGIQUE

Les premières influences sociales qui s'exercent sur l'individu sont les influences éducatives. C'est sous la forme pédagogique que se sont manifestées de nos jours avec le plus d'énergie les prétentions de la société sur l'individu. La doctrine que nous avons appelée ailleurs *Educationnisme*[1] et qui consiste à proclamer à la fois l'omnipotence et la légitimité des influences éducatrices s'est exprimée dogmatiquement dans une abondante littérature pédagogico-sociologique.

M. Durkheim, dans une leçon d'ouverture intitulée : *Pédagogie et Sociologie*, soutient que l'éducation, fonction sociale par ses fins comme par ses moyens, dépend moins de la psychologie individuelle que de la sociologie. M. Draghicesco, qui exagère ici comme ailleurs les vues éthico-pédagogiques de M. Durkheim, pousse à l'extrême son déterminisme pédagogique. Il absorbe l'individu

1. Dans notre livre : *Combat pour l'individu* (F. Alcan).

dans ce déterminisme, et n'accorde rien à ses spontanéités natives. La suggestion scolaire, l'imitation et la contrainte font tout. Des quatre institutions sociales : la famille, l'école, l'usine, l'État, qui, d'après cet auteur, élaborent et fixent notre législation intellectuelle et morale (jouant en cela le rôle des catégories *a priori* de Kant), l'École est celle dont la discipline est la plus décisive sur l'individu. C'est aux pédagogues de créer les réalités mentales et les lois psychologiques encore inexistantes. Loin que la pédagogie dépende de la psychologie, c'est elle qui commande cette dernière science et même qui doit créer son objet. Le pédagogue est le créateur de la réalité mentale de demain. Il est impossible de pousser plus loin le dogmatisme pédagogique.

Les prétentions théoriques de la pédagogie répondent à ses ambitions pratiques qui sont illimitées. — Aujourd'hui, les préoccupations politiques aidant, l'engouement pour la pédagogie est universel. La pédagogie aspire ouvertement à l'hégémonie sociale : tout au moins veut-elle jouer (après la Presse) le rôle d'un cinquième pouvoir de l'État. L'esprit pédagogique est un nouvel avatar de l'esprit prêtre. Les pédagogues visent à recueillir la succession politique et sociale de l'Église. L'on ne voit de toutes parts que zélés partisans de la pédagogie qui, infatués d'éducation et d'instruction, s'en vont répétant avec M. Jourdain : « Ah ! la belle chose que de savoir quelque chose ! » — C'est à peine si dans ce concert de mégalomanie pédagogique, quelques voix font entendre une note discordante pour dissiper les illusions ou dénoncer les dangers [1].

La thèse de l'éducationnisme entraîne un certain nombre de thèses secondaires : dépréciation de l'intelligence naturelle et d'une manière générale de tous les dons innés que l'éducation est impuissante à suppléer ; dépréciation des influences physiologiques ; en particulier dépréciation de l'hérédité physiologique au profit de l'hérédité sociale (éducation, transmission des connaissances d'une génération à l'autre), en résumé dépréciation de tous les facteurs humains irréductibles au déterminisme éthico-pédagogique. Toutes ces thèses constituent un monisme pédagogique cohérent et complet. Elles sont nettement antiindividualistes et posent sur le terrain pédagogique le problème de l'antinomie de l'individu et de la société.

Nous allons étudier ce problème en examinant successivement la fin et les moyens de l'éducation. D'abord la fin. — Cette fin, d'après les théories éducationnistes, est proprement sociale. C'est, d'après M. Durkheim, de dégager et de former dans l'indi-

---

1. Citons M. G. Le Bon dans son livre : *Psychologie de l'éducation*. Citons aussi M. Adrien Dupuy qui, loin de partager l'engouement à la mode, malmène les pédagogues et n'hésite pas à écrire : « C'est la pédagogie qui a fait et qui fera notre malheur. » (*L'État et l'Université*, p. 18-20.)

vidu humain: l'être social. « Loin que l'éducation ait pour objet unique ou principal l'individu et ses intérêts, elle est avant tout le moyen par lequel la société renouvelle perpétuellement les conditions de sa propre existence. La société ne peut vivre que s'il existe entre ses membres une suffisante homogénéité. L'éducation perpétue et renforce cette homogénéité en fixant d'avance dans l'âme de l'enfant les similitudes essentielles que suppose la vie collective. Mais d'un autre côté, sans une certaine diversité, toute coopération serait impossible. L'éducation assure la persistance de cette diversité nécessaire en se diversifiant elle-même et en se spécialisant : Elle consiste donc, sous l'un ou l'autre de ces aspects, en une socialisation méthodique de la jeune génération. En chacun de nous, peut-on dire, il existe deux êtres qui, pour être inséparables autrement que par abstraction, ne laissent pas d'être distincts. L'un est fait de tous les états mentaux qui ne se rapportent qu'à nous-mêmes et aux événements de notre vie personnelle. C'est ce qu'on pourrait appeler l'être individuel. L'autre est un système d'idées, de sentiments, d'habitudes, qui expriment en nous, non pas notre personnalité, mais le groupe ou les groupes différents dont nous faisons partie ; telles sont les croyances religieuses, les croyances et les pratiques morales, les traditions nationales ou professionnelles, les opinions collectives de toute sorte. Leur ensemble forme l'être social. Constituer cet être en chacun de nous, telle est la fin de l'éducation[1]. » Nous n'objecterons pas à M. Durkheim que les deux fins qu'il assigne à l'éducation : l'homogénéité sociale; — la différenciation sociale, sont contradictoires en elles. Cette objection porterait à faux. Il est évident que dans la pensée de M. Durkheim, la première fin, l'homogénéité sociale, est la plus importante et qu'elle ne tolère la seconde que dans la mesure où celle-ci se subordonne à elle. — Aussi bien la différenciation sociale réclamée par la division du travail n'implique-t-elle chez les individus qu'une diversité toute extérieure, fonctionnelle en quelque sorte et qui n'entrave en rien les similitudes profondes (similitudes intellectuelles et morales) que M. Durkheim regarde comme la condition essentielle de la vie en société. L'homogénéité sociale de M. Durkheim n'est autre chose au fond que l'antique unité morale réclamée par les politiques autoritaires de tous les temps. M. Bouglé est, tout comme M. Durkheim, un partisan décidé de l'unité morale. Étudiant le problème de l'éducation à propos de la *crise du libéralisme*[2], il déclare qu'il y a antinomie entre la liberté de l'individu et « cette ressemblance,

---

1. E. Durkheim. *Pédagogie et sociologie*, Revue de Métaphysique, janvier 1903.

2. Bouglé. *La crise du libéralisme*, Revue de Métaphysique, septembre 1902.

cette obéissance et cette concentration » sans lesquelles il n'y a pas de vie sociale possible. Selon M. Draghicesco, le but de l'éducation est de réduire de plus en plus la contingence (diversité) sociale et de hâter, avec le processus de l'intégration sociale, l'avènement de l'humanité unifiée.

La thèse des partisans de l'unité morale soulève une question de fait dont nous devons dire un mot. Est-il historiquement exact qu'une véritable unité morale ait jamais été réalisée dans les sociétés du passé? Cela est douteux. D'après M. Fages [1], l'unité morale est si peu une condition *sine qua non* de l'existence des sociétés, qu'en fait, cette unité n'a été réalisée nulle part, à aucune époque. M. Fages examine la société grecque, la société romaine, celle du Moyen Age, puis du xviiᵉ siècle et montre que dans ces sociétés l'unité morale n'a jamais été véritablement réalisée. « Cette unité morale dont on regrette tant la perte, dit-il, n'a jamais existé que dans ces Utopies et ces Uchronies où nous sommes conviés de temps en temps à nous réfugier comme dans un asile pour y trouver un aliment à notre sentimentalisme et à notre rêverie. » Dans une société un peu complexe et évoluée, il ne peut pas plus y avoir d'unité morale véritable qu'il ne peut y avoir d'orthodoxie réelle, et pour la même raison

---

1. C. Fages. *Unité morale, union des classes.* Mouvement socialiste de janvier et février 1905.

qui est la diversité des esprits et des âmes. Mais il
n'en reste pas moins vrai que cette unité morale
est le desideratum de toute société constituée, desideratum qu'elle exprime par l'organe de ses sociologues, de ses moralistes et de ses pédagogues.
M. Durkheim semble faire, il est vrai, certaines concessions à la diversité individuelle. Il y a, dit-il, des
sociétés individualistes et dans ces sociétés, l'éducation sera individualiste. « Que la société par
exemple s'oriente dans un sens individualiste et
tous les procédés d'éducation qui peuvent avoir
pour effet de faire violence à l'individu, de méconnaître sa spontanéité interne, apparaîtront
comme intolérables et seront réprouvés. Au contraire, que sous la pression de circonstances durables
ou passagères, elle ressente le besoin d'imposer à
tous un conformisme rigoureux, tout ce qui peut
provoquer outre mesure l'initiative des intelligences
sera proscrit[1]. » Ainsi donc, il y aura d'après
M. Durkheim des sociétés individualistes, c'est-à-dire
fondées sur la reconnaissance de certains droits à
l'individu et dans ces sociétés une éducation plus
libérale se substituera à l'éducation unitaire. Soit;
mais ne comptons pas trop sur ce libéralisme.

Il va sans dire en effet qu'une société ne peut
être individualiste que jusqu'à un certain point. Et

____

1. E. Durkheim. *Pédagogie et sociologie.*

ce point sera vite atteint. Il ne faut pas oublier que M. Durkheim fait de la *contrainte* l'essence de *toute* société. Une société individualiste sera donc celle où agiraient des modes de contrainte différents de ceux qui agissent dans une société unitaire; mais la contrainte ne disparaîtra pas pour cela. Elle sera seulement plus morcelée, plus subdivisée, plus multipliée et plus différenciée. Le pouvoir de l'opinion et les sanctions diffuses se substitueront de plus en plus aux pénalités violentes ; mais l'antinomie n'en subsistera pas moins pour cela entre le conformisme et l'aspiration à l'indépendance individuelle, entre la société et l'individu. Le libéralisme politique, comme l'a fort bien montré Stirner, est toujours un libéralisme très relatif. Toute liberté politique est au fond un mode spécial de réglementation. La liberté de la presse est au fond une réglementation de la presse ; la liberté d'association est au fond une réglementation du droit d'association ; la liberté du vote une réglementation du vote, et ainsi de suite. Tout cela suppose toujours des précautions prises contre l'initiative des individus. Et ces concessions mêmes de la société sont toujours, d'après M. Durkheim, conditionnelles et révocables. C'est pourquoi, de même que Proudhon a pu dire qu'il n'y a jamais eu, qu'il n'y aura jamais de véritable démocratie, on peut dire qu'il n'y a jamais eu, qu'il n'y aura jamais de société individualiste. — Le libéra-

lisme pédagogique ne sera pas moins conditionnel,
ni moins précaire, ni, pour tout dire, moins illusoire
que le libéralisme politique dont il se réclame.

Nos sociétés libérales étant étatistes, l'éducation
sera étatiste. M. Durkheim proteste contre l'idée qui
consisterait à briser le lien entre l'éducation et
l'institution politique. Chez nous, comme dans la
cité antique, l'éducation doit défendre l'institution
politique[1]. Sans doute l'idéal national et étatiste
doit être élargi dans notre système d'éducation
moderne par l'idéal humanitaire. Mais peu importe
pour la question qui nous occupe. Pour s'être élargi,
l'idéal pédagogique n'en reste pas moins autoritaire. — Même les pédagogues anarchistes, ceux
qui parlent d'éducation libertaire, d'auto-éducation,
comme M. Elslander[2] définissent cette éducation en
fonction des intérêts sociaux et des destinées sociales
telles qu'ils les conçoivent ; ils la subordonnent à
quelques grandes lois directrices de l'évolution
sociale qu'il convient de favoriser et dont le terme
semble être un endémonisme collectif où l'individu
s'absorberait passivement dans l'uniformité et la
médiocrité générales. Nietzsche assigne à notre éducation une mission nettement antiindividualiste.
« Quelle est la mission de toute instruction supérieure ? — Faire de l'homme une machine. — Quel

1. E. Durkheim. *Loc. cit.*, p. 44.
2. Elslander. *L'éducation au point de vue sociologique.*

moyen faut-il employer pour cela ? — Il faut apprendre à l'homme à s'ennuyer. — Comment y arrive-t-on ? — Par la notion du devoir. — Qui doit-on lui présenter comme modèle ? — Le philologue : il apprend à *bûcher*. — Quel est l'homme parfait ? — Le fonctionnaire de l'État. — Quelle est la philosophie qui donne la formule supérieure pour le fonctionnaire de l'État ? — Celle de Kant : le fonctionnaire en tant que chose en soi, placé sur le fonctionnaire en tant qu'apparence[1]. »

En un mot, le but de l'éducation est de prévenir l'originalité et de réduire l'exception. C'est pourquoi, le premier soin de toute individualité un peu originale, dès qu'elle reprend possession d'elle-même, est de faire table rase des pédagogies inculquées, de se remettre en présence de la vie, de recouvrer le sens de la réalité oblitéré par une vision conventionnelle des choses, en un mot, de refaire son âme.

Ce n'est pas seulement par sa fin : c'est aussi par ses moyens que toute entreprise éducative semble dirigée contre l'originalité et la diversité individuelles.

Quelle que soit la variété des systèmes d'éducation, on peut les ramener à trois types :

1° L'éducation par la mémoire ou éducation mnémonique ;

---

1. Nietzsche. *Le Crépuscule des Idoles.*

2° L'éducation intellectualiste ou éducation par l'instruction ou éducation par la notion inculquée ;

3° L'éducation mécanique ou éducation par le dressage des réflexes (G. Lebon, Dr Toulouze).

Tout a été dit contre l'éducation mnémonique et rien de ce qui a été dit contre elle n'est trop sévère. Que cette éducation soit antiindividualiste au premier chef, c'est ce qui est l'évidence même. Par définition elle est traditionaliste. En effet la tradition est la mémoire de l'humanité. Or l'éducation mnémonique vise à faire de la mémoire de l'individu un raccourci de la mémoire de l'humanité ; elle tend à river l'individu au passé, à faire de lui un esprit historique, un esprit de passivité et de règle. Ce qui est particulièrement curieux et symptomatique du point de vue qui nous occupe, c'est que cette éducation, si décriée qu'elle soit, conserve ses meilleurs partisans parmi les sociologues dogmatiques tels que M. Draghicesco [1].

1. Ce philosophe définit de la manière suivante le rôle de l'école : « On va à l'école pour chaque jour assimiler une quantité donnée d'idées dont la liaison même, dite logique, est déterminée rigoureusement d'une certaine manière. Vous ne pouvez rien changer d'essentiel : les détails tout au plus restent à votre disposition. Si vous ne retenez pas l'ordre précis de l'enchaînement déterminé des idées, une série de conséquences désagréables vous attendent. Au contraire, des satisfactions bien vives vous attendent si vous avez été attentifs et si, dans une leçon d'histoire, vous avez retenu l'ordre logique ou chronologique exact des idées... L'école vous traitera selon que votre esprit sera plus ou moins fidèle, à l'examen de fin d'année, aux concours, au baccalauréat, etc. Les idées qu'on vous demande d'assimiler peuvent

L'éducation intellectualiste se présente sous deux formes : la forme dogmatique et la forme critique. Sous ces deux formes, elle tend à réduire la diversité intellectuelle et à assurer le conformisme.

Sous la forme dogmatique, cela est évident. La pédagogie intellectualiste incarne ce Règne de l'Esprit que Stirner dénonçait comme l'ennemi le plus redoutable de l'individualité. C'est au nom d'idoles logiques et dogmatiques que l'on a de tout temps prétendu plier l'individu aux volontés du groupe. Le plus récent représentant de la pédagogie intellectualiste, Herbart, exprime nettement ce but. Il insiste sur l'importance d'une « exposition esthétique du monde », en d'autres termes d'une conception intellectuelle et synthétique du monde, qui

être en elles-mêmes et entre elles aussi différentes ou aussi semblables, aussi concordantes ou aussi opposées que possible, elle vous demande non pas de vous en enquérir, mais de les acquérir ainsi.

Un autre facteur de la liaison des idées, non moins important, c'est la *répétition...* On l'a dit depuis l'antiquité : *repetitio mater studiorum.* Comme l'attention elle est l'œuvre de l'école. Elle non plus ne dépend ni des différences, ni des ressemblances des idées, mais des sanctions que l'école applique à ceux qui n'ont pas gardé les idées assimilées dans leur ordre essentiel, précis ; et c'est ainsi que l'école fixe peu à peu les formes de notre pensée et nous met à même de penser par catégories bien précises et bien nettes. L'Eglise à laquelle l'école d'aujourd'hui se substitue et dont on apprend par cœur le catéchisme avant d'être admis à la communion ne procède pas autrement pour retenir ses fidèles ; les liens sont de nature fort voisine ici et là. »

« L'école nous demande non de nous enquérir de ce que sont les idées, mais de les acquérir ainsi ». Voilà un enseignement qui ne fait guère de place à la spontanéité de l'élève et dont l'idéal semble bien être de faire de lui une machine à répétition.

« place l'individu à sa vraie place dans le monde et
dans l'humanité et doit provoquer en lui des sentiments correspondants[1] ». Il va sans dire que cette
place est une place dépendante et subordonnée et
que ces sentiments sont des sentiments d'obéissance
et de docilité aux volontés du groupe.

L'éducation intellectualiste repose sur le préjugé
objectiviste qui consiste à admettre l'existence d'une
vérité en soi qui doit s'imposer à tous les esprits. Et
cette vérité prend un caractère sacrosaint. On en
vient à donner à l'instruction une valeur en soi. On
étudie pour étudier. On apprend pour apprendre.
On arrive ainsi à une sorte d'ascétisme intellectuel,
à ce mandarinisme béat que Nietzsche symbolise
dans le parfait philologue.

Mais autre chose est la valeur de l'instruction
pour la société, autre chose son utilité pour l'individu. Pour la société, sa valeur consiste à inculquer
aux individus les dogmatismes sociaux utiles. Pour
l'individu cette utilité est incertaine. Pour l'individu
l'instruction peut être nuisible, soit au point de vue
de la réussite dans la vie, soit au point de vue
même du développement intellectuel. Au point de
vue de la réussite dans la vie, en encombrant l'esprit d'idéaux scolaires auxquels la vie donne souvent un démenti ; au point de vue du développement

---

1. Mauxion. *L'éducation par l'instruction et les théories pédago-*
giques de Herbart, p. 122 (F. Alcan).

intellectuel, en soumettant l'intelligence à une discipline pour laquelle elle n'est pas faite. Les projets d'instruction intégrale, c'est-à-dire aussi poussée que possible et égale pour tous reposent sur une méconnaissance de la diversité des intelligences. Tout ne peut être enseigné à tous sans danger et sans dommage pour les intelligences soumises à ce régime. « L'intelligence, dit M. R. de Gourmont, qui a une forme générale et commune en a une particulière en chaque homme. Comme il y a plusieurs mémoires, il y a plusieurs intelligences, et chacune de ces intelligences modifiée par les physiologies propres, détermine les individus intellectuels. Loin que tout puisse être avec fruit enseigné à tous, il semble bien qu'une intelligence donnée ne peut recevoir sans danger pour sa contexture même, que les genres de notions qui y pénètrent sans effort[1]. » L'instruction n'a pas une valeur universelle ; elle n'est bonne que si elle répond à la physiologie de l'individu qui la reçoit. Il peut être de l'intérêt du groupe de tenter d'uniformiser et de discipliner les intelligences par l'instruction ; mais l'intérêt social ne coïncide pas avec l'intérêt individuel.

On dira ici que l'instruction n'est pas forcément dogmatique. L'éducation intellectualiste peut aussi revêtir la forme critique. Au lieu d'inculquer des

1. R. de Gourmont. *Valeur de l'Instruction.* (Dans *le Chemin de Velours*, p. 88.)

notions toutes faites, elle peut s'efforcer d'éveiller et
de développer l'esprit critique. Soit ; mais il ne
faut pas perdre de vue que l'esprit critique se convertit vite en esprit dogmatique et même cette con
version est inévitable quand il s'agit d'un esprit
critique *enseigné*. Car l'esprit critique s'enseigne
suivant certaines formes, certaines méthodes, et
dans un certain plan de pensée. Il y a une manière
d'enseigner l'esprit critique qui donne un pli à l'intelligence et tout aussi difficile à détruire que celui
que donne l'enseignement dogmatique.

Il y a, avons-nous dit, avec l'éducation mnémonique et l'éducation intellectualiste, un troisième
type d'éducation qu'on peut appeler éducation
mécanique ou éducation par le dressage des réflexes.

D'après le Dr Toulouze, le rôle de l'éducation
est un rôle inhibiteur. — Cette thèse éducative
s'appuie sur la théorie psychologique de la volonté
considérée comme étant essentiellement un pouvoir
frénateur. — D'après le Dr Toulouze, le but de
l'éducation serait de refréner les instincts, d'inhiber
les réactions qui ne s'harmoniseraient pas avec le
milieu. Comme le milieu humain est un milieu
social, le frein volontaire devra être mis au service
de la sociabilité ; il devra donc être manié par l'éducateur de manière à adapter et à plier parfaitement
l'individu au milieu social. L'éducation sera un dres-

sage social des réflexes. Nous pouvons rappeler ici ce que nous avons dit en critiquant la théorie psychologique du frein volontaire. D'abord la volonté n'est pas uniquement une fonction frénatrice et inhibitrice ; elle est aussi une fonction motrice et initiatrice ; impulsive et primesautière. Par suite le dressage social doit compter avec certaines résistances que lui oppose le vouloir-vivre individuel. Ensuite le frein volontaire ne fonctionne pas nécessairement dans le sens et au profit de la sociabilité. Il peut au contraire, comme nous l'avons expliqué, être mis de propos délibéré au service des sentiments égoïstes et antisociaux et s'appliquer à inhiber les sentiments sociables. Aucun dressage social ne fera disparaître le conflit entre le *moi* et le *nous*, entre l'égoïsme et l'altruisme, entre la diversité individuelle et le conformisme. Le Dr Toulouze reconnaît lui-même que le dressage social ne s'opérera pas sans soulever de résistances de la part des individus. « Cette philosophie de l'éducation, dit-il, pourra paraître à certains vide de satisfactions et incapable d'aider au plein développement de l'individu. A ce point de vue, ceux qui ont placé leur idéal moral dans l'épanouissement égoïste de leur moi, ainsi que le conseille Nietzsche, considéreront qu'il y a un antagonisme profond entre l'intérêt de l'individu et cette culture de la personnalité. Mais la véritable personnalité d'un individu ne peut être socialement dégagée qu'avec le concours de tous les autres. Or il est évident que les réactions désordonnées ne peuvent que gêner les voisins, les effrayer et en conséquence les exciter contre lui. » — Sans doute, répondrons-nous, l'individu a intérêt à ménager son entourage; mais toujours ménager son entourage, c'est s'annihiler soi-même, c'est en tout cas bien se sacrifier; c'est s'interdire tout geste imprévu, toute parole sincère, toute idée neuve; c'est proprement renoncer à être soi-même. Dans certains cas il faut choisir entre gêner les autres et se gêner par trop soi-même.

Cette discipline éducative qui s'attache à la correction extérieure, à la circonspection, à la surveillance perpétuelle exercée sur les gestes, les actes, les paroles, les attitudes peut être excellente pour former des gens « comme il faut », de bons automates, de bonnes marionnettes sociales; mais elle ne va pas sans froisser plus d'une fois ce qui reste malgré tout de sauvage et d'indiscipliné en nous. Sans doute, il peut arriver que les qualités développées par cette éducation coïncident avec une personnalité vigoureuse, une volonté forte, une intelligence pénétrante, une sensibilité vive et originale; mais c'est par un accident heureux que cette rencontre a lieu. Le principe des qualités réelles et

1. Dr Toulouze. *Le frein*. Revue Bleue, 18 juillet 1903.

profondes de l'individu est ailleurs que dans une discipline sociale quelle qu'elle soit, conduisît-elle à un automatisme impeccable. L'éducation, quels que soient les procédés qu'elle met en œuvre, s'efforce toujours de faire triompher les ressemblances sur les différences. Ce qu'il y a de plus clair dans les différents systèmes d'éducation que nous venons de passer en revue, c'est que l'école est un moyen d'imposer plus ou moins sournoisement certaines croyances, certaines manières de penser et d'agir à la jeune génération. C'est une entreprise sur quelque chose d'inconnu et d'inconnaissable; un nivellement par principe pour rendre l'être nouveau, quel qu'il soit, conforme aux habitudes et aux usages régnants.

Maintenant dans quelle mesure cette intervention est-elle efficace? C'est une autre question. Nous allons voir, en l'étudiant brièvement, que l'antinomie entre la discipline éducative et la diversité individuelle, exacte en principe, est fort atténuée en fait par le peu d'influence de l'éducation sur le développement futur de l'individu.

L'éducation en effet est limitée à un triple point de vue : dans son action, dans son objet, et dans ses moyens. Dans son action, elle est limitée en deux sens : d'une part, par le tempérament (physiologie, hérédité) de l'enfant; d'autre part par les influences étrangères, extrascolaires et postscolaires qui combattent l'influence de l'école.

L'enfant apporte des dispositions innées que l'école ne peut modifier que dans une mesure fort limitée. Il conviendrait ici de distinguer entre les individus. Il y a des natures plastiques (les natures moyennes) et d'autres qui ne le sont pas ou le sont peu. D'autre part, les influences éducatives sont d'autant plus efficaces qu'elles sont plus exclusives et plus unilatérales. Placez un adolescent en serre chaude, en vase clos ; par exemple au séminaire ou à l'école normale d'instituteurs. Vous aurez chance de lui inculquer une foi robuste dans la chose enseignée (foi du séminariste, foi du normalien dans les idéaux scolaires). Mais que le jeune homme vienne à changer de milieu ; qu'il soit soumis à d'autres influences, la réflexion s'éveillera ; le vernis de l'éducation s'écaillera, la foi s'effritera. Le jeune homme se rendra compte que la morale n'est pas la même ici et là ; à l'école et dans le monde ; au village, dans la petite ville et dans la grande ville. Il s'apercevra de la contradiction qui existe entre les idéaux scolaires et la vie réelle. Au lycée, l'enfant voit une justice scrupuleuse présider à la distribution des notes et des places dans les épreuves scolaires. Dans la vie il verra triompher une tout autre échelle des valeurs que celle du mérite. A l'école, on s'élève contre la ruse, l'intrigue, la roublardise ; dans la vie, à peu près tout le monde use de ces moyens dans la mesure de ses forces et est plein d'estime pour ceux qui réussissent grâce à eux. Telles sont les influences extra-scolaires ou postscolaires qui limitent ou même détruisent l'œuvre de l'école.

Les moyens d'action de l'éducateur sont : la notion inculquée ; l'appel à la raison de l'enfant, l'appel au sentiment ; la formation des habitudes ou dressage des réflexes, l'influence de l'exemple. Tous ces moyens sont assez peu efficaces.

L'éducation par le discours et la notion inculquée se réduit à une mnémotechnie qui laisse peu de traces dans l'esprit de l'enfant. L'appel à la raison a peu d'action sur l'enfant, voire même sur l'adolescent. L'idée abstraite a fort peu d'influence sur la conduite. L'appel au sentiment semble plus efficace. [illegible]

La formation des habitudes, le dressage des réflexes [illegible]

[illegible]

plus compliquées qui exigent une initiative de la part du sujet échappent aux procédés de dressage et à l'automatisme des habitudes acquises.

Reste enfin l'exemple, le prestige personnel de l'éducateur. Ce moyen d'action suppose une condition particulièrement difficile à réaliser : un personnel d'éducateurs vraiment exemplaires et possédant une supériorité morale éclatante et incontestée. Mais les vertus de l'éducateur, quand il en a, sont des vertus modestes, peu voyantes. Elles ne frappent pas l'enfant beaucoup plus fortement que ne font les mêmes vertus chez les autres personnes de son entourage. Ce qui parle aux yeux, le costume par exemple, a peut-être plus d'influence. Les éducateurs congréganistes ont perdu vraisemblablement une partie de leur prestige en perdant leur costume.

L'éducation enfin est limitée dans le nombre des connaissances sûres, précises, indiscutables qu'elle transmet à l'enfant. En morale cela se réduit à peu de chose : quelques préceptes d'un caractère très général : ne pas tuer, ne pas voler, ne pas maltraiter autrui. Quant aux points contestés ou flottants de la morale : droits de la femme, de l'enfant, conception de la famille, etc. — l'éducateur ne peut guère trancher ces questions à leur [illegible]. Et s'il les tranche indiscutablement, la vie [illegible] la réflexion et le doute chez l'adolescent qu'a [illegible] d'[illegible] faire reviser les solutions [illegible].

Il ne faut pas oublier que l'éducation reste sous la dépendance de la vie, sous la dépendance de l'expérience. L'éducation ne crée rien ; elle n'établit non plus rien de définitif. Elle n'est pas une fonction spontanée et initiatrice ; mais une fonction de seconde main, de conservation et de transmission. Elle ne crée pas les réalités mentales de demain, selon le vœu ambitieux de M. Draghicesco ; elle reçoit seulement et transmet les croyances et les préjugés d'hier et d'aujourd'hui que demain renversera peut-être.

Est-ce à dire que l'éducation n'ait aucune influence sur le développement futur de l'individu et qu'elle ne soit, dans l'évolution individuelle et collective, qu'une cinquième roue à un char ? Dans ce cas l'antinomie que nous avons exposée plus haut s'évanouirait. Mais l'influence de l'éducation, quoique très limitée, n'est pas nulle. Et dans la mesure où elle agit, elle est ou elle tente d'être une mainmise de la société sur l'individu.

Ouverte ou sournoise, puissante ou faible, cette prétention de la société à discipliner les individus a suscité chez certains penseurs une protestation théorique qui est l'individualisme pédagogique.

On peut distinguer deux formes de cet individualisme. L'individualisme stirnérien, on pourrait dire aussi l'individualisme spencérien, est tout négatif ; il consisterait à supprimer toute éducation et à laisser l'enfant se développer en toute liberté. M. Durkheim remarque avec raison que cette théorie pédagogique n'a jamais été pratiquée par aucun peuple connu[1]. De fait, cet individualisme pédagogique absolu est insoutenable ; car après tout l'homme vit en société et ce fait implique pour lui la nécessité d'une discipline éducative.

Un autre individualisme pédagogique est celui dont le desideratum serait d'individualiser le plus possible l'éducation, de l'adapter au tempérament intellectuel et moral de celui qui le reçoit, de faire violence le moins possible à l'individualité qu'il s'agit de former. Problème difficile. Si habilement qu'on s'y prenne, on se heurtera à l'antinomie que nous avons signalée et qui tient à la double nature de l'homme, à la fois être individuel et être social.

1. Durkheim. *Règles de la méthode sociologique*, p. 11 (F. Alcan).

CHAPITRE VIII

L'ANTINOMIE ÉCONOMIQUE

Après avoir étudié l'antinomie en psychologie, en esthétique et en pédagogie, où nous avions affaire à des idées et à des sentiments, étudions-la en économie où nous aurons à considérer plutôt des besoins et des intérêts.

L'économie est peut-être le domaine de l'activité où l'antinomie entre l'individu et la société se fait sentir avec le moins de force. Il y a à cela plusieurs raisons. La première est l'universalité et l'uniformité des besoins économiques fondamentaux. Les individus diffèrent beaucoup moins les uns des autres par leurs besoins économiques que par leurs besoins sentimentaux, intellectuels et moraux. L'estomac est un fait universel. Le besoin de bien-être, de confort est commun à peu près à tous les hommes de notre civilisation. Dans l'ordre des besoins et des fins économiques, l'homme le plus individualisé par ailleurs ne diffère pas essentiellement de ses voisins. La conscience de son unicité et de son originalité ne lui vient pas des considérations économiques.

C'est en économie qu'il y a le moins de dissonances donnant lieu à des revendications individuelles. Non seulement la même fin (le bien-être) s'impose à tous ; mais aussi en grande partie les mêmes moyens. Chacun par exemple est bien forcé de recourir aux moyens de transport en usage. Encore y a-t-il place ici pour une certaine variabilité. Ainsi un homme riche pourra préférer le mode de transport isolé : l'auto, au mode collectif et banal : le chemin de fer. Mais en règle générale une certaine communauté de fins et de moyens, de besoins, de désirs et de modes d'action s'impose en économie. Et cette communauté relative s'oppose à l'extrême variabilité des sentiments, des croyances et des désirs, en art, en religion ou en morale.

Une autre raison qui atténue ici l'antinomie de l'individu et de la société, c'est que l'activité économique de l'individu lui est plus extérieure en quelque sorte que sa vie sentimentale et intellectuelle. L'activité économique n'engage pas le for intérieur, la vie profonde de la pensée et du sentiment. L'individu peut faire deux parts dans sa vie : l'une vouée à la tâche ou, si l'on veut, à la servitude économique inévitable ; l'autre consacrée au loisir et à la libre culture de ses goûts personnels. Ce système de cloisons étanches donne une certaine satisfaction à l'instinct d'indépendance individuelle.

La même raison psychologique explique peut-être

encore ce fait que les divergences d'opinion en matière économique n'émeuvent pas autant les âmes et ne divisent pas aussi profondément les hommes que les querelles religieuses ou morales. Par exemple une discussion entre protectionnistes et libre-échangistes ne sera généralement pas aussi passionnée, ne mettra pas en branle des sentiments aussi profonds ni aussi intimes que l'opposition d'un croyant et d'un athée, d'un partisan de la morale traditionnelle et d'un libertaire. En général une innovation économique ne suscite pas les mêmes résistances, ni les mêmes indignations qu'une innovation philosophique, religieuse ou morale. Du moins elle suscite des résistances moins acharnées et moins durables. Un inventeur industriel peut être en butte à des vexations de la part de ceux dont son invention alarme les intérêts (Fulton et les bateliers de l'Elbe) ; mais au bout d'un petit nombre d'années, les résistances cèdent. Au contraire, une innovation qui touche au domaine des idées, des croyances, des sentiments, suscite de la part du milieu une opposition aussi durable que furieuse (Galilée et l'Inquisition ; en général toute innovation tendant à détruire la conception philosophique et morale régnante). Ici, les haines suscitées sont profondes, tenaces, implacables.

Ajoutons que dans une société, les intérêts économiques peuvent se dissocier jusqu'à un certain point des intérêts religieux, éthiques, politiques même. L'organisation scientifique de l'économie que Saint-Simon voulait donner au monde ne devait, dans la pensée de ce philosophe, apporter aucun changement notable dans la politique ni dans la morale. De même les socialistes d'aujourd'hui mettent à part l'organisation économique d'un côté et de l'autre côté les croyances religieuses et morales, ces dernières considérées comme « choses privées ». Le domaine économique semble par définition indifférent aux religions et aux morales et par là-même soustrait à la main-mise de l'Esprit prêtre, ce grand ennemi de l'individualité. Il y a là deux séries de faits relativement indépendantes l'une de l'autre. Un grand développement économique, accompagné des aises et des commodités qu'il apporte à l'individu, paraît compatible avec un assez grand relâchement des liens sociaux, avec un affaiblissement des croyances religieuses et morales et avec une diminution de la sociabilité générale [1].

Toutefois, si l'antinomie entre la société et l'individu est, en économie, moins aiguë qu'ailleurs, il y a malgré tout un certain nombre de points sur les-

---

1. M. Durkheim remarque que le lien économique est un lien social assez lâche et qu'il n'entraîne nullement l'unité morale : « Comme les rapports purement économiques, dit-il, laissent les hommes les uns en dehors des autres, on peut en avoir de très suivis sans participer pour cela à la même existence collective ». (*Règles de la méthode sociologique*, p. 139.)

quels l'individu se trouve plus ou moins atteint, limité, contrarié et comprimé, soit dans ses intérêts, soit dans sa vie intérieure, dans son désir d'originalité, dans ses goûts et ses aspirations par le mécanisme économique.

Examinons ces contrariétés dans les différentes branches de l'économie : production, répartition, consommation de la richesse.

Dans la production, une antinomie classique est celle des intérêts particuliers et de l'intérêt général. Fourier la formulait ainsi : « L'industrie présente une subversion saillante : c'est *la contrariété des deux intérêts collectif et individuel*. Tout industrieux est en guerre avec la masse et malveillant envers elle par intérêt personnel. Un médecin souhaite à ses concitoyens de bonnes fièvres, et un procureur de bons procès dans chaque famille. Un architecte a besoin d'un bon incendie qui réduise en cendres le quart de la ville, et un vitrier désire une bonne grêle qui casse toutes les vitres. Un tailleur, un cordonnier ne souhaitent au public que des étoffes de faux teint et des chaussures de mauvais cuir, afin qu'on en use le triple, pour le bien du commerce ; c'est leur refrain. Un tribunal croit opportun que la France continue à commettre chaque année cent vingt mille crimes et délits à procès, ce nombre étant nécessaire pour alimenter les cours criminelles. C'est ainsi qu'en industrie civilisée, tout individu est en guerre intentionnelle avec la masse ; effet nécessaire de l'industrie antisociétaire ou monde à rebours. On verra disparaître ce ridicule dans le régime sociétaire où chaque individu ne peut trouver son avantage que dans celui de la masse entière[1]. »

Il est important de faire remarquer ici que la contrariété signalée par Fourier constitue moins une antinomie de l'individu et de la société qu'une antinomie de la société avec elle-même. Car Fourier n'oppose pas ici à la masse les individus en tant que tels, mais bien certaines catégories de producteurs ; les cordonniers par exemple ou les médecins, ou les magistrats dont l'intérêt, en tant que corporation, est différent de l'intérêt de la masse.

Mais voici, dans l'ordre de la production, une question qui met aux prises l'individu en tant que tel et le groupe. C'est celle du travail isolé en tant qu'il s'oppose au travail en coopération. La question ici est de savoir si l'individu peut produire isolément autant que quand il est associé. La réponse n'est pas douteuse. L'individu isolé ne peut produire autant qu'associé[2]. En se solidarisant, les animaux, les sauvages, les civilisés accomplissent des œuvres qu'ils ne seraient pas arrivés à produire s'ils étaient restés isolés. L'antinomie se résoud ici au profit du groupement ou plutôt il n'y a pas véritablement d'an-

----

1. Fourier. *Le nouveau monde industriel et sociétaire*, p. 34.
2. Voir l'*Entraide* de Kropotkine.

tinomie. Dans son propre intérêt, et dans celui de l'œuvre qu'il veut mener à bien, l'indididividu doit s'associer. Et dans l'association même, l'initiative de l'individu, son apport personnel est forcément très réduit. Cette initiative ne peut aboutir qu'à une réforme partielle des modes de production ; rarement à un bouleversement, à une révolution véritable dans la technique industrielle. Il en est du producteur industriel comme du savant. Les neuf dixièmes du savoir du savant et de l'habileté du producteur sont dus à la collaboration scientifique, à la coopération industrielle. Le savant greffe sa découverte sur tout l'acquis scientifique antérieur ; l'inventeur industriel accepte et utilise tous les engins, tout le mécanisme industriel et économique de son époque : il n'innove que très peu. En industrie comme en science, la part de l'invention, de l'originalité, en un mot de l'individualité est infinitésimale. En tous cas elle est infiniment plus faible qu'en art, en religion, en poésie, en philosophie.

Faut-il aller toutefois jusqu'à nier complètement l'originalité individuelle dans l'invention industrielle comme semble le faire M. Draghicesco[1] ? Nous ne le croyons pas. Il y a dans l'invention industrielle, comme dans l'invention littéraire, artistique ou phi-

---

1. « C'est l'intégration sociale qui a déterminé cette rencontre de courants imitatifs. Par conséquent toutes les conditions de l'invention sont sociales. » (*L'Individu dans le déterminisme social*, p. 237.)

losophique, un élément proprement personnel : la cérébralité de l'individu, qui est irréductible aux influences sociales. Il ne faut pas oublier non plus que l'originalité individuelle, si faible et si rare qu'elle soit et même qu'elle devienne de plus en plus par suite de la complication croissante de la technique scientifique et industrielle, il ne faut pas oublier que cette originalité, même supposée infinitésimale, est la seule source du progrès et que le cerveau de l'inventeur est le point de départ d'une initiative que les travailleurs ne font que recueillir, imiter et propager à travers la société entière.

Au fond l'invention prime et commande le travail que seule elle rend possible. L'invention n'est pas une des espèces du travail ; elle en est le principe, la cause initiatrice [1]. La question est délicate qui consiste à faire la part, dans la production, de l'invention qui représente l'initiative indivi-

---

1. « La cause première de la richesse, dit Tarde, c'est l'invention. — Le travail est un faisceau d'actions similaires, d'actes répétés, à l'exemple conscient ou inconscient d'un premier acte qui n'émane nullement du travailleur lui-même, mais d'un inventeur antique ou récent, connu ou inconnu. Le travail n'est donc qu'une des branches de l'imitation. Les économistes ont fait rentrer à tort l'idée d'invention dans celle du travail, comme l'espèce dans le genre. Singulière espèce, sans laquelle le genre ne serait point. De là tant de fausses définitions que le socialisme a exploitées. Sous le même vocable, *produit*, par exemple, on range à la fois les produits matériels et les produits dits immatériels, brouillant pêle-mêle les découvertes et leur propagation, les créations de l'art et leurs reproductions industrielles. On rend ainsi inexplicable et injustifiable la propriété artistique et littéraire. » (Tarde, *Logique sociale*, p. 350, F. Alcan.)

duelle et du travail qui représente l'effort collectif.

Si l'organisation sociale de la production n'autorise que dans une faible mesure l'originalité individuelle, elle ne laisse pas d'imposer à l'individu des gênes et des contraintes qui tendent à le diminuer physiquement, intellectuellement et moralement. La principale de ces contraintes est la division du travail dont on a souvent signalé la répercussion funeste sur le physique et surtout le moral du travailleur. La division du travail est une exigence de la production dont l'effet est de parquer un peu au hasard les hommes dans des ateliers comme dans des box. Un individu qui peut avoir certaines aptitudes ou certains goûts est obligé d'en développer d'autres moins grands chez lui ; d'abandonner la meilleure partie de soi-même. Il éprouve de ce fait un senti-ment de vie diminuée, qui le conduit plus d'une fois à des sentiments de mécontentement social et de révolte individualiste.

Certains sociologues insistent bien sur les bienfaits de la division du travail. M. Draghicesco attribue à l'usine, comme à l'école et après elle, un rôle éducatif. Elle opère un dressage systématique de l'individu ; elle le subordonne à une tâche d'ensemble. D'après M. Durkheim, la division du travail est une enseigneuse de solidarité. Elle apprend à l'individu son insuffisance et sa dépendance. Il y a ici une sorte de collusion des influences pédago-

[illegible] LES [illegible] ENTRE [illegible]

[illegible] et des [illegible] [illegible] [illegible]
[illegible] [illegible] de tout [illegible] [illegible] [illegible]
[illegible] social [illegible] il faut [illegible] [illegible] [illegible]
M. [illegible] a [illegible] [illegible] [illegible]

C'est [illegible] cette [illegible] [illegible] [illegible]
et de la division du travail que [illegible] [illegible]
« [illegible] [illegible] [illegible] [illegible] [illegible] division du
« travail » dans les cinq [illegible] [illegible] de la
« [illegible] du travail » [illegible] [illegible] [illegible] [illegible]
[illegible] que dans les [illegible] des [illegible] [illegible]
[illegible] et [illegible] intérêt [illegible] [illegible] [illegible] de la
[illegible] de tout ce que [illegible] [illegible] [illegible] [illegible]
[illegible] très bien [illegible] [illegible] [illegible] de [illegible]

c'est à dire de celle [illegible] [illegible] [illegible] [illegible]
que c'est là la [illegible] [illegible] qu'elle [illegible]
chacun [illegible] et qu'ell[illegible] [illegible] [illegible] [illegible]
a [illegible] le développement [illegible] [illegible] [illegible]
[illegible] des [illegible] d'[illegible] [illegible] [illegible]
[illegible] la force [illegible] dans [illegible] [illegible] [illegible]
[illegible] il [illegible] cette [illegible] [illegible] [illegible]
méditation [illegible] [illegible] [illegible] [illegible] [illegible]
hame[illegible] il place [illegible] [illegible] [illegible] [illegible]
minime et accorde des [illegible] [illegible] [illegible]
[illegible] Aussi une société [illegible] [illegible] [illegible]
durement [illegible] d'une plus grande [illegible] [illegible]
cette sécurité que l'on [illegible] [illegible] [illegible]
divinité suprême [illegible] [illegible] [illegible] [illegible]
c'est justement le « fran[illegible] » qui [illegible] [illegible]

jusqu'à présent la tâche de toute instruction supérieure. Apprendre quelque chose qui ne nous regarde en rien et sentir que le « devoir » consiste précisément dans cette activité « objective » ; apprendre à évaluer séparément le plaisir et le devoir, voilà la tâche et l'action inappréciable de la pédagogie. C'est pourquoi le philogogue fut jusqu'à présent l'éducateur *par excellence* : son activité elle-même donne l'exemple d'une monotonie s'élevant jusqu'au grandiose ; sous son égide, le jeune homme apprend à bûcher : première condition pour remplir plus tard, avec excellence, le devoir machinal (comme fonctionnaire de l'État, bon époux, rond de cuir, lecteur de journaux, soldat, etc[1]. »

Cette morale apparaît surtout dans les professions dites libérales, accompagnée de toutes sortes de préjugés destinés à maintenir l'honneur et le prestige du corps. — Dans le régime socialiste, la solidarité professionnelle ne serait vraisemblablement pas moins tyrannique que dans l'économie bourgeoise. Là aussi il y aura des moralistes et des politiques pour utiliser la vertu moralisatrice du travail et de l'enseignement professionnel. Le syndicalisme avoue son but qui est d'absorber l'individu dans le groupement professionnel. Les modernes syndicats admettent l'idée d'une discipline plus tyrannique et

1. Nietzsche. *La volonté de puissance*, t. II, § 406.

plus unitaire encore que celle des anciennes corpo-
rations. Ceux qui ont vu de près les organisations
syndicalistes ont remarqué le peu de liberté qui y
est laissée à l'individu, la surveillance et la défiance
collectives qui y règnent, la perpétuelle menace
d'ostracisme, d'excommunication, d'exclusion ou
même de violence directe contre les dissidents.

Considérons maintenant l'antinomie dans l'ordre
de la répartition. Nous retrouvons ici la désharmonie entre les intérêts particuliers et l'intérêt général
que nous avons déjà signalée à propos de la production. — La richesse, une fois produite, chacun de
ceux qui ont collaboré à sa production, capitaliste
ou travailleur, cherche à se tailler dans la richesse
produite la part la plus large possible, fût-ce au
détriment de la masse. Un économiste, M. Otto
Effertz[1] remarque que l'intérêt de la collectivité est
la productivité maxima. L'intérêt des individus est
la *rentabilité* maxima, c'est-à-dire la part la plus
grande possible que les individus essaient de se
tailler dans le revenu social. M. Effertz énumère en
détail les lésions que la rentabilité inflige à la productivité, les unes déterminées par la rentabilité
des fabricants (destructions rentables ou dardana-
riat, polls, trusts, cartels, qui limitent artificielle-

1. Otto Effertz. *Les antagonismes économiques*, Giard et Brière,
1905.

ment la productivité) ; les autres déterminées par la rentabilité des ouvriers (sabotage, prohibition ou destruction des machines, etc. [1]). — Y a-t-il vraiment là une antinomie de l'individu et de la société ? — On doit faire ici, ce semble, une remarque analogue à celle que nous avons faite précédemment à propos d'une opposition d'intérêts relevée par Fourier dans la production. Cette remarque consiste à dire qu'il y a moins ici antinomie de l'individu en tant que tel et

---

1. Un autre économiste, M. Vilfredo Pareto, remarque également que les individus composant une société ont certains intérêts communs et certains intérêts contraires, en ce qui concerne la répartition des richesses. « Supposons par exemple qu'une société donnée possède une certaine somme de richesse, répartie d'une certaine manière. La règle selon laquelle s'opère cette répartition ne change pas tandis que la somme totale de richesse augmente ; en ce cas chaque individu recevra plus qu'il n'avait avant et tous auront intérêt à ce que cette somme totale de richesse augmente. Mais si la règle de répartition change, deux phénomènes différents peuvent avoir lieu : 1° avec la nouvelle répartition chaque individu reçoit plus qu'il n'avait avant. Ce cas est semblable au précédent, et tous les individus auront intérêt à ce que l'augmentation supposée de richesse se produise ; 2° les uns reçoivent plus, les autres moins qu'ils n'avaient avant. En ce cas, il y a évidemment opposition de leurs intérêts, par rapport à l'augmentation du total de la richesse.

Non seulement la richesse est loin de constituer le seul intérêt que peuvent avoir les hommes, mais même si nous nous bornons à tenir compte de la richesse, la somme absolue qu'en possède chaque homme ne représente pas entièrement ses intérêts, et il y a lieu de prendre en considération l'importance relative des sommes possédées par chaque individu. Ainsi il se fait que, même dans le cas où chaque individu dont se compose la société voit sa richesse augmenter, il se produise une opposition d'intérêts. Certains individus recevant chacun une part minime de l'augmentation de la richesse peuvent préférer ne pas la recevoir pourvu que d'autres soient privés de la part considérable qu'ils auraient à toucher. »

Vilfredo Pareto, L'Individuel et le social (Leçons..., 189..., p. 42).

de la société, qu'antinomie de la société avec elle-même ou antinomie entre deux fractions de la société. En économie en effet, l'intérêt de l'individu se confond dans une certaine mesure avec l'intérêt des autres individus qui appartiennent à la même classe sociale que lui, qu'il s'agisse de la classe des patrons ou de la classe des salariés. Car pour faire triompher ses prétentions ou ses revendications, l'individu est ici fatalement conduit à s'associer (lock-out pour les patrons ; syndicats pour les ouvriers) en vue d'obtenir la rentabilité maxima. Ce n'est pas en tant qu'individu : c'est pris en tant que classe que le salarié s'oppose au patronat ; que le prolétaire s'oppose à la classe bourgeoise ou à l'ensemble de la société administrée par des dirigeants bourgeois. — Ainsi on peut dire qu'il s'agit plutôt, dans les cas considérés par M. O. Effertz (et aussi par M. Vilfredo Pareto) d'une opposition d'intérêts entre deux fractions de la société qu'entre l'individu en tant que tel et la société ou le groupe en général. — Toutefois la lutte d'un contre tous se retrouve au sein même de la catégorie sociale avec laquelle l'individu a la plus grande communauté d'intérêts et la plus grande affinité économique. Car au sein de ce groupe même, la concurrence et la rivalité entre individus subsistent. Les intérêts individuels peuvent être jusqu'à un certain point divergents et les avantages obtenus inégaux (par exemple entre individus triels faisant partie d'un même trust ou cartel, mais ne s'en faisant pas moins concurrence). On conçoit que l'égoïsme et l'envie puissent porter plus d'une fois l'individu, comme le remarque M. Pareto, à préférer un état où la prospérité du groupe serait moindre mais où tous pâtiraient également à un état plus prospère, mais où lui, individu, serait personnellement défavorisé.

En tous cas, il y a antinomie entre l'individu et le mécanisme social de la répartition en ce que, quel que soit le régime de répartition, ce régime même ne va jamais sans une répercussion fâcheuse sur l'individualité psychologique et morale. Le régime de la propriété individuelle assure sans doute ou du moins rend accessible aux individus une certaine indépendance économique et par voie de conséquence une certaine liberté de vie privée et une certaine indépendance morale. Mais d'abord il n'assure ce bienfait qu'à ceux qui possèdent. Ensuite, même pour ces derniers la propriété individuelle n'est pas toujours et absolument une cause et une garantie d'indépendance. Qui dira le labeur, les servitudes, les humiliations souvent, auxquelles il faut se contraindre, en régime bourgeois, pour acquérir et garder le cher argent? M. O. Effertz, dans son livre *Les anti-nomies économiques*, et à l'encontre que l'État, selon certains

L'argent nous possède plus que nous ne le possédons ; il nous lie et nous tyrannise de mille façons.
M. P. Hervieu, dans son roman l'*Armature*, a bien
analysé le rôle de l'argent et montré comment
il amène les possédants à subir les pires compro-
missions, les plus vilaines situations, à vaincre les
pires répugnances, à avaler les pires couleuvres, à
refouler des sentiments les plus naturels et les plus
impérieux. — Voilà pour ceux qui possèdent. Mais
que sont, que valent et que peuvent, en régime bourgeois, les non possédants ? — Littéralement rien.
Pour eux il n'y a d'indépendance d'aucune sorte, ni
matérielle, ni morale. Leur lot est la dépendance,
l'insécurité. Les travailleurs intellectuels sont aussi
à plaindre que les travailleurs manuels. Leur culture
supérieure ne leur sert qu'à mieux sentir leur condition humiliée. M. Ch. Maurras a noté ce fait caractéristique de notre régime bourgeois : l'Intelligence
asservie à l'Argent : *quelle plaisanterie !* — En
régime collectiviste, les besoins d'indépendance de
l'individu seraient-ils mieux sauvegardés ? On peut
en douter. La main égalitaire et autoritaire ferait

[illegible footnote]

vraisemblablement disparaître toute différence de
fortune, du moins toute différence un peu importante. Posséder deviendrait un crime comme aujour-
d'hui, en régime bourgeois, c'est un crime de ne
posséder pas. Aujourd'hui du moins l'argent confère
à quelques privilégiés une enviable indépendance à
l'égard de l'opinion. Cette indépendance disparaî-
trait. Il faudrait vivre de tout point selon le vœu de
l'opinion publique qui n'aura jamais été si tyrannique qu'en régime collectiviste.

Abordons maintenant l'antinomie dans l'ordre de
la consommation. — Nous trouvons ici un conflit
entre une théorie aristocratique et individualiste de
la consommation et une autre théorie démocratique
et égalitaire.

La théorie aristocratique et individualiste est celle
des partisans du luxe. Le luxe représente l'exception, le privilège en économie; le raffinement des
besoins et des goûts. A ce titre, il est la raison d'être
supérieure de la production; il est la fleur de la civilisation économique. L'individualiste aristocrate
admet que la société n'ayant d'autre but que de produire des hommes supérieurs, il est naturel et légitime qu'une armée d'esclaves et d'ouvriers sacrifie
sa vie et son idéal de bien-être démocratique et con-
fortable et au luxe des privilégiés. On peut voir dans
cette théorie du luxe une application économique
de l'individualisme aristocratique des théoriciens des

Nietzsche, des Renan. Il y a toutefois une différence entre un Gobineau et un Renan. Gobineau, grand seigneur, croit qu'il faut de la fortune pour tenir un rang social supérieur. Selon lui, les qualités morales de magnificence, de générosité, d'initiative, de maîtrise de soi, de fierté sociale, de noblesse d'âme ne peuvent s'allier qu'à une très grande richesse. La consommation doit être inégalement répartie et rendre possible pour les favorisés la mise en œuvre des qualités qui font l'homme supérieur et rendent l'humanité grande. — Renan, sorti des classes moyennes habituées à être moins exigeantes en matière de différences de rang, de jouissances de luxe, de dépenses d'apparat, de magnificence nobiliaire, Renan croit que la supériorité intellectuelle peut s'allier à l'égalité économique.

En face de ceux qui disent qu'on doit produire des objets de luxe à l'usage des privilégiés, on trouve ceux qui soutiennent qu'il ne faut produire que des utilités communes à tous. La consommation doit être la même pour tous et la production doit se régler sur la consommation. Les socialistes réprouvent les consommations de luxe comme égoïstes, improductives, aristocratiques, comme répondant à des sentiments d'orgueil nobiliaire.

Il y a actuellement un certain lien logique entre capitalisme et libéralisme. Si l'homme le plus libéral est celui qui admet la plus grande variété de jouissances, la plus grande diversité de vie, il est certain que l'économiste capitaliste est plus libéral que le socialiste. Le libéral aujourd'hui est l'homme qui accepte dans leur diversité tous les modes d'existence des classes riches ou qui du moins les tolère, tandis que le socialiste égalitaire, le révolutionnaire, voudrait tout niveler, sacrifier cette diversité à l'unité; remplacer la diversité et l'anarchie capitaliste par un ordre nouveau et forcément autoritaire.

A laquelle de ces deux théories de la consommation l'évolution économique donne-t-elle actuellement raison? Ni à l'une ni à l'autre d'une façon décisive. Il y a aujourd'hui une forte tendance à l'égalisation des conditions d'existence, à l'interdiction des consommations de luxe. Mais d'autre part il y a aussi entre les hommes une grande diversité de goûts et d'appréciations. Chaque individu a ou peut avoir son opinion sur le confort, son idéal particulier du bien-être. Cela peut être une source de division entre individus, entre familles, entre classes et sous-classes sociales. En fait, les consommations de luxe se maintiennent ou même s'accroissent. Les riches achètent des automobiles et les défenseurs du capitalisme consolent les démocrates égalitaires en les persuadant qu'un temps viendra où les automobiles seront à la portée de toutes les bourses. Ainsi se poursuit et se perpétue, sans se solutionner, le conflit entre le désir de consommation privilégiée et individualisée (le luxe) et la tendance démocratique à faire prévaloir l'égalité dans la consommation.

A travers les vicissitudes de ce conflit, une donnée toutefois reste constante : un mètre d'évaluation impersonnel qui donne au luxe lui-même, dans notre civilisation, un caractère de banalité et d'anonymat. C'est le mètre de « l'offre et de la demande » caractéristique, selon la remarque de Nietzsche, d'une culture de commerçants. « On voit maintenant se former, remarque ce philosophe, la culture d'une société dont le *commerce* est l'âme... Celui qui s'adonne au commerce s'entend à tout taxer *d'après le besoin du consommateur* et non d'après son besoin personnel; chez lui, la question des questions, c'est de savoir « combien de personnes consomment cela ». Il emploie donc dès lors, instinctivement et sans cesse, ce type de la taxation : à propos de tout ; donc aussi à propos des productions des arts et des sciences, des penseurs, des savants, des artistes, des hommes d'État, des peuples, des partis et même d'époques tout entières : il s'informe à propos de tout ce qui se crée, de l'offre et de la demande, *afin de fixer, pour lui-même, la valeur d'une chose. Ceci,* érigé en principe de toute culture, étudié depuis le plus grossier jusqu'au plus subtil et imposé à toute espèce de vouloir et de savoir, sera la fierté de vous autres. hommes du

prochain siècle[1]. » Tel est le mètre d'évaluation :
évaluation de Bourse, question de nombre. Ce mètre
est significatif du mépris de notre civilisation pour
le goût individuel, pour les convenances individuelles, les évaluations individuelles. Les choses
valent non pour *moi ;* mais pour une moyenne
d'hommes et elles doivent valoir pour moi par le
fait qu'elles valent pour cette moyenne. Ces *valeurs*
seules *valent* qui sont demandées, qui plaisent à la
généralité, qui, par suite, sont déjà banalisées, qui
sont cotées à la Bourse, qui répondent à des besoins
très répandus ou susceptibles de se répandre large-
ment. Cela seul *vaut* qui se vend ou est susceptible
de se vendre beaucoup. Le règne de l'offre et de la
demande est donc le règne de l'Argent. Le mètre qui
s'impose à tous étant l'argent, et ce mètre n'étant
discuté par personne est employé indifféremment
pour mesurer la valeur des produits et celle des
hommes. C'est d'après le critérium fortune qu'on
juge de la valeur des gens. Vous possédez tant : donc
vous valez tant. Il y a là une sorte d'application
économique de la loi psychologique du *transfert*.
L'idée de valeur attachée d'abord à l'argent en vient
à s'attacher à celui qui possède l'argent. De là ce
fait que la valeur intellectuelle, la plus individualisée
de toutes, est généralement méprisée de la masse.

---

1. Nietzsche. *Aurore*, § 175.

Les valeurs individuelles ne seront vraisemblablement pas mieux traitées en régime socialiste qu'en régime ploutocratique. On n'y recherchera qu'une moyenne de production destinée à donner satisfaction aux besoins moyens d'une population donnée. Les goûts d'exception et les besoins d'exception seront méconnus et par suite les aptitudes et les mérites d'exception seront dépréciés. Les seuls biens reconnus seront les biens communs, accessibles à l'intelligence et à la sensibilité de tous. Le socialisme n'admettra que des valeurs plébéiennes, égalitaires. La morale qui est une revendication en faveur de la justice et de l'égalité se glissera de plus en plus dans les évaluations. En dépit du mot si vrai de Schopenhauer : « En morale la bonne volonté est tout, en art, elle n'est rien » on verra la société couronner l'effort laborieux, le mérite médiocre et respectueux du goût général plutôt que l'originalité heureuse, hardie et dédaigneuse du goût moyen, de l'esthétique de tout le monde. La notion étroite de justice égalitaire viciera les évaluations des mérites et des œuvres. L'invention qui crée sera dépréciée du profit du travail qui la recueille, l'imite, la propage et l'utilise. La production intellectuelle sera dépréciée au profit de la production matérielle. Le mérite se mesurera à l'effort matériel dépensé. Et cet effort matériel aura seul une valeur *morale*. Peut-être évaluera-t-on l'effort dépensé dans un travail au moyen d'un mètre matériel tel que les graduations d'un dynamomètre ou le nombre de calories dépensées. A ce compte, un poète qui suera sang et eau pour faire de mauvais vers sera sacré grand poète de préférence à un poète heureusement doué, dont le génie et la facilité diminueront le mérite. La société passera sur toutes les valeurs son niveau impersonnel ; elle imposera une tarification anonyme et fixée d'avance qui ne laissera place à aucune surprise, ni à aucun des effets du caprice et de la fantaisie individuelle. Les inventions seront peut-être examinées et tarifées par la société avant d'être mises en circulation. La société s'assurera si elles correspondent à des besoins « réels » c'est-à-dire suffisamment généraux. On fera comparaître un inventeur devant un aréopage de socialistes pour savoir si on peut lui permettre de produire son invention, comme autrefois on faisait comparaître un novateur religieux devant un aréopage de théologiens.

Il y a encore un autre point par où le système de nos valeurs sociales froisse le sentiment de l'individualité et l'épanouissement complet et harmonieux de cette dernière.

On a remarqué avec raison[1] que dans notre civi-

1. Cf. Lichtenberger « *Une nouvelle théorie de la transvaluation des valeurs* ». (Revue de Synthèse historique de décembre 1900, à propos du livre de Weisengrün : *Der Marxismus und das Wesen der sozialen Frage.*)

lisation, toutes les valeurs tendaient à se déperson-
naliser, à s'éloigner de l'individu, à s'ériger en fins
en soi, en buts généraux et impersonnels, au lieu
d'être regardés comme des facteurs composants ou
des moyens d'une personnalité saine, forte, complète et harmonieuse. C'est ce phénomène de dépersonnalisation et de « médiatisation [1] » des valeurs
qui caractérise notre stade de civilisation. De plus
en plus les valeurs sont détachées de l'individu et
de plus en plus incapables de s'intégrer dans l'unité
d'une individualité harmonieuse. M. Lichtenberger
croit qu'il fut une époque où cette désintégration
n'existait pas et où l'individualité s'épanouissait
plus harmonieusement. C'est l'époque de la Renaissance [2]. Alors, les valeurs restaient subordonnées

1. Cette expression signifie que les « valeurs » ne relèvent plus
immédiatement de l'individu, qu'elles se sont détachées de lui et
planent en quelque sorte au-dessus de lui.

2. « Ce qui caractérise la culture d'une époque comme la
Renaissance, c'est qu'elle est *nécessaire* dans toutes ses parties,
c'est qu'elle forme comme un tout organique dont les divers éléments constitutifs sont autant de parties intégrantes et indispensables. Le représentant typique de cette époque, c'est le condottiere hautement cultivé, l'homme de proie universellement doué ;
c'est par exemple une personnalité comme ce Léon Battista
Alberti que nous décrit Burckhardt, cavalier et guerrier émérite,
orateur accompli, versé dans toutes les connaissances de son
temps, philosophie et sciences naturelles ; avec cela, musicien et
sculpteur ; au total, un instinctif doublé d'un intellectuel ; un
vaillant et en même temps un cérébral, presque un nerveux. Chez
des hommes de ce type, la culture n'est pas un luxe, une vaine
parure, mais la condition même de leur puissance. Et cette culture elle-même n'est pas un assemblage fortuit de qualités dispa-
rates, mais une synthèse organique dont tous les éléments se
commandent et se conditionnent l'un l'autre. »

directement à la personnalité, à sa santé physique et morale, à sa beauté harmonieuse. Les valeurs n'étaient pas situées en dehors de la personnalité elle-même, comme quelque chose qui la dépassait et la primait. Elles s'intégraient dans la personnalité et se subordonnaient à son libre épanouissement. Ou plutôt la seule, la vraie valeur était alors la personnalité belle, forte et harmonieuse, l'*homme complet*. Aujourd'hui il n'en est plus ainsi. Les différentes valeurs, instruction, science, richesse, culture artistique sont devenues des fins en soi, des entités sociales, objet d'un culte métaphysique et laïque.

On pourrait se demander si le portrait que M. Lichtenberger nous trace de l'homme complet, de la belle personnalité de la Renaissance n'est pas un portrait purement idéal. On peut croire en tous cas que même dans les conditions les plus favorables, cet idéal d'humanité ne s'est jamais réalisé qu'en un assez petit nombre d'individualités privilégiées. — Quoi qu'il en soit, le portrait de l'homme moderne s'éloigne aussi loin que possible de cet idéal. « L'homme d'aujourd'hui reconnaît un certain nombre de valeurs médiates, telles que la richesse, le confort, l'honneur, la puissance, la science, etc., qui exercent sur lui une attraction très considérable. Mais ces valeurs se sont, depuis l'époque de la Renaissance, *médiatisées* à l'excès : elles sont recherchées aujourd'hui non plus comme éléments nécessaires

d'une culture harmonique destinée à augmenter la
puissance totale de l'être humain, mais comme si
elles étaient un bien *en soi*. La richesse par exemple
était désirée jadis comme un moyen d'embellir la vie
ou comme un instrument de puissance entre beaucoup d'autres : elle est considérée aujourd'hui
comme une fin en soi ; et le développement formidable du régime capitaliste avec les excès qu'il a
entraînés a certainement son principe non pas uniquement dans une fatalité économique, mais bien
aussi pour une large part, dans une fatalité psy-
chique, dans cette médiatisation à outrance de la
valeur de l'argent. La science, estimée jadis comme
un moyen de dominer les forces naturelles et considérée à ce titre comme un facteur important de culture est devenue, comme la richesse, une fin en soi.
On veut savoir pour savoir. » — La conséquence de
cette situation est la production d'individualités psychiques elles-mêmes désintégrées, inharmoniques,
incomplètes, spécialisées dans une fonction unique,
impuissantes et maladroites dans toutes les autres,
et aussi éloignées que possible du type de l'homme
complet et harmonieux. Le fonctionnaire, l'intellectuel moderne en sont des exemples. « Les savants,
les fonctionnaires, les intellectuels de toute sorte
s'ils sont les représentants de la culture moderne,
se trouvent en revanche, par suite du mécanisme de
la vie contemporaine, presque privés de tout contact

avec la sphère d'activité des politiciens et des hommes d'affaires. Confinés dans leur bureau, relégués dans leur domaine spécial à l'écart de la vie réelle, privés des joies saines d'une activité extérieure, et portant des fruits visibles, ils s'étiolent, perdent toute sûreté d'instincts, et souvent dégénèrent : c'est dans leurs rangs que se recrute l'armée sans cesse plus nombreuse des décadents — mécontents ou résignés, pessimistes ou dilettantes — qui constituent un danger des plus sérieux pour l'avenir de notre vieille Europe[1]. » Ainsi la désintégration des individualités, la dissociation en elles de l'intelligence et de l'instinct, de la pensée et de l'action, de la théorie et de la pratique ne font que s'accentuer sous l'influence de notre mécanisme social.

Ce mal est-il réparable et comment y remédier?

M. Lichtenberger à la suite de M. Weisengrün, indique un remède qui consisterait à « poursuivre l'intégration des valeurs moyennes ». « Il faut arriver à ce que les valeurs moyennes admises par la presque totalité des hommes redeviennent toutes des parties intégrantes d'une même culture générale, il faut que le civilisé moderne, sans rien abandonner des merveilleux progrès techniques réalisés dans ce siècle, invente et développe en lui une culture spirituelle aussi exactement et nécessairement adaptée à sa

—————

1. Lichtenberger. *Op. cit.*, p. 245.

civilisation matérielle que le furent jadis l'une à l'autre la culture spirituelle et matérielle de la Renaissance.

« Et cette culture nouvelle ne doit pas être un simple *retour* à la Renaissance ; elle doit constituer en même temps un progrès.

« L'homme de la Renaissance maîtrisa ses instincts et affina sa personnalité uniquement pour mieux jouir de lui-même ; les instincts sociaux, la notion d'un bonheur collectif existaient à peine chez lui. Ils se sont puissamment développés dans les temps modernes et la culture de l'avenir doit nécessairement tenir compte de ce fait nouveau. Puis la culture de la Renaissance ne s'appliquait guère qu'à une élite assez peu nombreuse ; la culture de l'avenir doit avoir des bases plus larges. Elle doit tenir compte de cette grande loi du nivellement de la culture qui se manifeste clairement au cours de l'évolution historique et en vertu de laquelle le nombre de ceux qui ont part aux bienfaits de la civilisation s'accroît sans cesse d'âge en âge. En résumé, nous devons travailler à restaurer une culture organique comme celle de la Renaissance, mais qui soit en même temps sociale et démocratique[1]. » Le remède proposé est bien vague. Il est louable d'aspirer à une culture « organique » qui produirait des indivi-

1. Lichtenberger. *Op. cit.*, p. 246-247.

dualités harmonieuses, complètes, saines et heureuses. — Mais comment instaurer cette culture « organique »? Comment éviter la division du travail et ses effets dissolvants pour l'individualité? Comment concilier avec la socialisation de la culture, avec la démocratisation et l'égalisation des valeurs l'instinct qui porte les individualités à se différencier et à étendre sur autrui leur volonté de puissance? Aucune culture « organique » ne fera cesser le divorce originel qui scinde l'être humain en deux parties ennemies : le moi et le nous ; la volonté d'égalité et la volonté de différenciation. Au fond, il n'y a pas une si grande différence entre la Renaissance et notre temps au point de vue de la sociabilité. La nature humaine ne change guère. La volonté de domination, d'inégalité, prend seulement d'autres formes ; à la place des barons féodaux, nous avons les barons de la finance et les rois de l'industrie. Une économie sociale et démocratique, si elle pouvait jamais se réaliser, aboutirait à vérifier l'absurde maxime populaire : un homme en vaut un autre.

— Mais cet idéal d'égalité n'est jamais souhaité réellement, même par ceux qui le formulent. Sous la fausse humilité socialiste, il y a l'éternelle volonté de puissance égoïste ; il n'y a pas de vie si médiocre qui n'ait son ambition ; il n'y a pas d'égalitaire qui n'aspire secrètement à une supériorité quelconque.

Le conflit est donc profond, en économie comme

ailleurs, entre l'action individuelle et l'action collective, entre l'idée de solidarité et l'idée de liberté,
entre le désir d'égalité et le désir de différenciation.
Là est la source des antinomies que nous avons rencontrées soit dans l'ordre de la production, soit dans
celui de la consommation, soit enfin dans le mode
d'intégration des valeurs sociales.

L'individualisme représente, en économie comme
ailleurs, la résistance de l'individu à la pression
sociale ; le désir de l'individu d'exercer son activité
économique à ses risques et périls et de réduire le
plus possible la part de la contrainte sociale. Mais on
peut distinguer, ici comme ailleurs, deux espèces
d'individualisme.

Il y a un individualisme économique en quelque
sorte négatif. C'est l'individualisme stirnérien appli-
qué à l'économie. Cet individualisme, poursuivi dans
ses conséquences, aboutirait à l'isolement dans la
production et dans la consommation, à la lutte d'un
contre tous, au régime du « chacun pour soi » exas-
péré. C'est l'individualisme du sauvage qui abat
l'arbre pour avoir ses fruits ; c'est l'individualisme
anarchiste du système de la « prise au tas » ; c'est,
dans notre anarchie économique bourgeoise, l'individualisme de l'escroc, du vendeur à faux poids, du
lanceur d'affaires véreuses, de tous ceux enfin qui
cherchent, par n'importe quels moyens, à se tailler la
part du lion ou du renard dans la richesse produite.

Il y a un autre individualisme qu'on peut appeler positif. Ce dernier individualisme est un appel au génie inventif des individus en vue d'une production accrue et intensifiée ; en vue de la domestication par l'humanité de toutes les forces de la nature, en vue de l'utilisation de toutes les ressources de la planète. Cet idéal économique est subordonné à un idéal esthétique de grandeur et de puissance humaine. Ceux qui se rallient à cet idéal sont indi-vidualistes en ce sens qu'ils préconisent la plus grande liberté de l'individu comme le plus sûr moyen de progrès économique. C'est dans cette pensée qu'ils s'efforcent de défendre l'initiative indi-viduelle, facteur capital de la richesse, contre les instincts d'uniformité et d'égalité niveleuse (Tarde).

Ce dernier individualisme est très supérieur au premier. Il fait une place aux considérations sociales. Il ne fait pas entrer seulement en ligne de compte l'intérêt égoïste et immédiat de l'individu. Il se subordonne à un haut idéal de grandeur humaine.

— Mais est-ce à dire que dans cet individualisme toute cause d'antinomie disparaisse entre l'individu et la société, entre le moi et le nous, entre l'égoïsme et la solidarité ?

Sans doute, ici, l'individu comprend la nécessité de se subordonner à l'œuvre commune. Il se fait de la liberté économique une idée nouvelle et plus large. La liberté n'est plus ici le caprice, l'essor

effréné de l'égoïsme individuel, l'effort vers le gain
à tout prix. La liberté est plutôt pour l'individu la
possibilité de donner satisfaction à des désirs de
plus en plus nombreux et de plus en plus variés,
grâce à une organisation économique perfectionnée.
Cette liberté ne suppose plus l'isolement, mais l'entr'aide, la collaboration de tous. Un idéal nouveau :
celui de l'accroissement de la puissance collective
de l'humanité sur la nature se substitue à l'idéal
ancien de la volonté de puissance individuelle s'exerçant sur autrui et contre autrui. C'est à cet accroissement de puissance collective que chaque homme
doit travailler et travaillera désormais de plus en
plus, chacun se rendant compte qu'il bénéficie des
inventions et des richesses produites collectivement
et qu'ainsi il vaut mieux être un citoyen quelconque
d'une grande ville moderne bien pourvue de toutes
les commodités et de tous les agréments d'une
civilisation raffinée, que d'être le chef d'un petit
village sauvage, misérable et sans sécurité. — Tout
cela est vrai. Mais l'idéal nouveau fera-t-il disparaître entièrement l'ancien idéal du gain égoïste et
de la puissance égoïste? Fera-t-il disparaître toute
tyrannie des groupes sur les individus? Il est permis
d'en douter. Le fait de travailler collectivement à
l'accroissement des ressources de l'humanité ne
supprimera pas forcément les conflits entre individus et entre groupes et, en conséquence de ces

conflits, la tyrannie des groupes (oligarchies finan-
cières, syndicats, etc.) s'exerçant sur les individus;
il ne supprimera pas les inégalités dans la répartition des tâches et des produits, ni les servitudes
économiques déprimantes pour l'individu; celle par
exemple de la division du travail.

Il reste donc, même dans cette conception supérieure de la vie économique, assez de causes d'antinomie entre le groupe et l'individu, entre le nous
et le moi, entre la solidarité et la liberté, entre la
sociabilité et l'égoïsme, entre le désir d'égalité et le
désir de différenciation.

CHAPITRE IX

L'ANTINOMIE POLITIQUE

La politique touche de près à l'économie. Elle ne s'y réduit pourtant pas absolument comme le voudrait la psychologie trop simpliste des marxistes. Elle comporte d'autres facteurs que ceux qui ont trait à la richesse. Elle suppose un esprit de domination spirituelle, une idéologie spéciale, distincte de l'organisation économique qui la conditionne pourtant en partie; tout un ensemble d'idées et de sentiments qui ne ressortissent pas à des considérations purement économiques.

Tout effort de domination spirituelle est dirigé contre la liberté des individus, contre la diversité des pensées et des sentiments. C'est pourquoi la politique est par excellence le domaine du conformisme, des contraintes collectives, des mensonges de groupe, de la duperie mutuelle entre associés, bref de tous les procédés d'illusionisme social qui sont de rigueur dans une société organisée. La tâche essentielle de la politique est de créer artificiellement des courants d'opinion, à l'aide de groupements : partis, comités, ligues, etc., où l'on pratique le *compelle intrare* et le *compelle remanere* et où l'individu indépendant ne peut guère faire entendre sa voix au milieu du bruit tumultueux et confus des voix anonymes.

Que l'on considère les idéologies abstraites élaborées par les théoriciens de la politique ou les formes politiques dans lesquelles s'incarne la volonté générale (État, gouvernement) ou encore les forces politiques qui se disputent le pouvoir (c'est-à-dire les partis, comités, etc.), on trouvera que le désir de conformisme civique est au fond de toute entreprise politique.

Les idéologies démocratiques : souveraineté du peuple, volonté générale, solidarisme, etc., sont, par essence et par définition, unitaires et autoritaires. Elles reposent sur une fiction commode pour les gouvernants tout en flattant la paresse d'esprit des gouvernés. De même qu'en économie, l'intérêt général est une fiction, puisque les hommes ont en réalité des intérêts toujours différents et divergents sur certains points, de même en politique, la volonté générale n'est pas autre chose qu'une entité verbale. — La prétendue volonté générale est au fond celle de l'oligarchie dirigeante; tous les jeux de la politique n'aboutissant jamais qu'à changer d'oligarchies. L'homme qui a une volonté à lui ne se reconnaît jamais dans la prétendue volonté générale. Et peu lui importe au fond que le groupe qui l'opprime soit une foule ou une oligarchie. Foule et oligarchie en effet se ressemblent en un point : leur commune haine de toute personnalité indépendante, de toute volonté dissidente.

Les membres de l'oligarchie dirigeante ont d'ailleurs eux-mêmes très peu d'indépendance d'esprit. Ils n'en ont guère plus au fond que les gouvernés. Ils ont eux-mêmes un conformisme; des mots d'ordre obligatoires. Ils sont astreints à une banalité de pensée indispensable pour se faire comprendre de la masse grégaire dont ils désirent obtenir les suffrages.

La médiocrité de pensée et d'aspirations des dirigés réagit sur la médiocrité de pensée et d'aspirations des dirigeants et inversement[1]. C'est surtout en démocratie que se vérifie le mot connu : « Je suis leur chef; il faut bien que je les suive ». De

---

1. En démocratie, dit M. R. de Gourmont, l'opinion est toute-puissante parce que ceux qui ont l'air de la guider sont sur le même plan de médiocrité que ceux qui la subissent. L'opinion du public est faite par des hommes à peu près à sa hauteur qui, au moyen des journaux, s'adressent à elle en son nom sur la question du moment. Ainsi le peuple se tyrannise lui-même, en s'imposant à lui-même le respect d'opinions créées par des individus dont la banalité intellectuelle s'adapte parfaitement à la moyenne niaiserie sentimentale... On voit en démocratie le mécanisme singulier d'un navire dont l'équipage n'obéit aux officiers que parce que les officiers ont mis le cap sur le port où les matelots veulent débarquer. C'est finalement l'obéissance docile de l'élite à la masse et, comme conséquence, ainsi que le dit Stuart Mill, la marche évidente et irrésistible vers un état « de similitude générale parmi les hommes ». (R. de Gourmont, *Epilogues*, t. I.)

plus, les membres de l'oligarchie dirigeante ont besoin les uns des autres. C'est entre eux un commerce de concessions et de bons offices, un esprit de corps et une camaraderie qui exigent beaucoup de souplesse et d'intrigue, mais nulle originalité de pensée ou de caractère.

On dira peut-être que cette médiocrité de pensée et d'aspirations, commune aux dirigés et aux dirigeants, constitue précisément cette « volonté générale » dont se réclame l'idéologie démocratique. S'il en est ainsi, l'antinomie n'en apparaît que mieux entre les aspirations individuelles à l'indépendance qui peuvent malgré tout se faire jour chez quelques hommes et la volonté d'uniformité et de médiocrité qui exerce le pouvoir. « Il y a, dit Benjamin Constant, une partie de la personne humaine qui, de nécessité, reste individuelle et indépendante... Quand elle franchit cette ligne, la société est usurpatrice ; la majorité est factieuse. Lorsque l'autorité commet de pareils actes, il importe peu de quelle source elle se dise émanée, qu'elle se dise individu ou nation ; elle serait la nation entière, moins le citoyen qu'elle opprime, qu'elle n'en serait pas plus légitime. »

L'idéologie démocratique tend à résorber toutes les libertés dans la liberté dite politique. Mais la liberté politique n'est pas du tout la même chose que la liberté individuelle. Benjamin Constant a même pu, dans son Discours sur la liberté à l'antique et la liberté à la moderne, établir une véritable antinomie entre ces deux libertés. — Qu'est-ce, en effet, que la liberté politique ? C'est le fait de participer à la confection des lois et, ces lois une fois faites, de leur obéir. — Qu'est-ce que la liberté individuelle ? C'est l'indépendance de l'individu dans sa vie privée ; c'est la libre disposition de sa personne et de ses biens ; c'est la liberté des relations, des faits et gestes de chaque jour : c'est le pouvoir de vivre et d'agir à sa guise sans être en butte à une inquisition perpétuelle, à une police minutieuse et tyrannique de la part de l'autorité publique.

Dans la cité antique la liberté politique du citoyen est à son maximum : car dans la cité antique réduite en nombre, chaque citoyen, participant directement à la confection de la loi, est souverain. En revanche, la liberté individuelle y est très faible ; gênée qu'elle est par l'incessant contrôle de la cité sur la vie privée du citoyen. Le citoyen antique consent à ce sacrifice parce que pour lui la liberté politique prime tout. Mais il n'en va plus de même pour l'individu moderne épris avant tout de liberté individuelle. « L'indépendance individuelle, dit encore Benjamin Constant, est le premier des besoins modernes. »

« En conséquence, il ne faut jamais en demander le sacrifice pour établir la liberté politique... » « il s'ensuit encore qu'aucune des institutions nombreuses et trop vantées qui, dans les républiques anciennes, gênaient la liberté individuelle, n'est admissible dans les temps modernes.[1] »

Benjamin Constant parle ici en libéral. Mais le libéralisme n'est pas très en crédit dans les démocraties. C'est plutôt l'esprit jacobin qui y triomphe, c'est-à-dire l'esprit civique dans ce qu'il a d'unitaire et d'inquisitorial. L'esprit jacobin, c'est la mainmise de la cité sur l'individu tout entier ; c'est l'effort pour réduire toutes les libertés à la liberté politique. C'est la manie légiférante, la réglementation et le contrôle à outrance ; c'est la suspicion jetée sur toute volonté d'indépendance dans l'ordre des idées et des croyances comme dans celui des actes.

De nos jours, il est vrai, l'esprit jacobin renonce à la manière forte, il prend la forme souple et discrète de l'éducationnisme, mais peu importent les moyens qu'il emploie, le but reste le même.

La loi, expression de la volonté générale, est tyrannique comme cette volonté elle-même. Montesquieu a dit : « La liberté, c'est le droit de faire ce que la loi ne défend pas. » Les démocrates répètent après lui : « La liberté, c'est le règne de la loi. » Il est clair qu'on peut tirer de cette définition de la liberté un despotisme épouvantable[2]. Cela

---

1. Benjamin Constant.—*De la liberté des anciens*.

2. Stuart Mill, dans son *Essai sur la liberté*, remarque que la liberté individuelle n'a pas gagné grand'chose aux changements

n'empêche pas que la loi soit divinisée dans nos
sociétés démocratiques tout comme dans la cité
antique. Telle est l'autorité de la loi qu'il est con-
venu que les lois injustes, vexatoires, tyranniques
n'en doivent pas moins être obéies, non seulement
avec résignation, mais avec empressement et presque
avec enthousiasme. Les moralistes citent toujours,
avec une admiration utile à tous les gouvernements,
la fameuse prosopopée des Lois et le grand exemple
de Socrate. C'est là au fond un grand exemple de
duperie civique. Socrate est un Jocrisse magnanime,
un héros de naïveté. Son exemple a fortifié à travers les générations le dogme absolutiste et mystique de la souveraineté de la Loi, même mauvaise,
injuste et oppressive.

de régime politique. M. Faguet expose avec beaucoup de force
l'antinomie qui existe entre le dogme de la souveraineté du peuple
et les droits de l'individu. « Les auteurs des deux *Déclarations des
Droits de l'homme* sont tombés dans une étrange confusion et une
étrange contradiction. Ils ont confondu les droits de l'homme et
le droit du peuple; les droits de l'homme, de l'individu, et le
droit du peuple, de la nation, de la communauté des citoyens
libres... Mais les droits de l'homme et le droit du peuple ne sont
point la même chose, à tel point même que le droit du peuple
peut être en conflit avec les droits de l'homme. Si le droit du
peuple, c'est la souveraineté, ce que précisément ont dit les
rédacteurs des *Déclarations*, le peuple a le droit, en sa souveraineté, de supprimer tous les droits de l'individu. Et voilà le conflit. Mettre dans une même déclaration le droit du peuple et les
droits de l'homme, la souveraineté du peuple et la liberté par
exemple, à égal titre, c'est y mettre l'eau et le feu et les prier
ensuite de vouloir bien s'arranger ensemble. Mais les auteurs des
Déclarations croyaient à la fois à la liberté individuelle et à la
souveraineté du peuple. Ils devaient mettre dans leur œuvre cette
antinomie fondamentale. » (*Le Libéralisme*, p. 8.)

Après avoir considéré les principes généraux de l'idéologie politique, disons un mot des formes politiques (État, Gouvernement, corps de l'État, dans lesquelles s'incarne la prétendue volonté générale.

L'antinomie de l'individu et de l'État est une de celles sur lesquelles on a le plus souvent insisté[1]. M. Bouglé n'admet pas cette antinomie. Loin de voir dans l'État un destructeur de libertés, il voit en lui un libérateur de l'individu. D'après lui l'État contre-balancerait heureusement certaines influences oppressives pour les individus[2] (influences locales, régionales, professionnelles, domestiques, cléricales, etc.), et pourrait ainsi devenir une sauvegarde pour les individus menacés ou opprimés par ces influences. Que faut-il penser de cette manière de voir? Elle peut être exacte dans une certaine mesure, du moins dans une époque de transition comme celle que nous traversons, alors que l'État peut s'opposer efficacement à certaines tyrannies sans être encore devenu lui-même absolument omnipotent et unilatéralement tyrannique. Il est exact que l'individu peut trouver aujourd'hui dans l'État un recours contre les excès du pouvoir familial ou du pouvoir patronal ou contre l'ingérence du pouvoir religieux.

Mais on peut se demander par contre où l'indi-

___

1. Cf. Spencer. *L'Individu contre l'État* (F. Alcan).

2. Cf. Bouglé. *Les conséquences morales de l'entrecroisement des groupes* (Revue bleue du 29 décembre 1906).

vidu trouvera un recours contre l'État lui-même. Surtout, où trouvera-t-il ce recours quand l'État, selon la tendance qu'il semble manifester, aura résorbé tous les pouvoirs et toutes les fonctions sociales, quand il sera devenu le seul éducateur, le seul employeur, le seul administrateur, quand tous les citoyens seront ses fonctionnaires? — Aujourd'hui l'ouvrier employé dans l'industrie privée peut se mettre en grève et invoquer entre son patron et lui l'arbitrage de l'État. Mais quand l'État sera le seul employeur, le simple fait de grève sera un délit de lèse-État.

La condition du fonctionnaire d'aujourd'hui est instructive. Le fonctionnaire dépend de l'État et uniquement de l'État. Donc il est sans défense contre l'État. Il lui est interdit de bénéficier du principe de la séparation des pouvoirs ; car lésé par l'arbitraire de ses chefs hiérarchiques, il ne peut les attaquer devant les tribunaux pour leurs actes administratifs. Dira-t-on que les fonctionnaires possèdent certaines garanties contre l'arbitraire administratif, par exemple le recours au Conseil d'État? Outre que ces garanties sont difficilement utilisables et toujours incertaines dans leurs effets, elles peuvent être rendues de plus en plus vaines et finalement annihilées par un État devenu trop fort. Contre l'individu qui réclame contre l'État, il y a nécessairement collusion de toutes les influences qui dépendent de l'État et cette collusion ne fera que croître avec le pouvoir de plus en plus envahisseur de l'État.

Un facteur important dans tout régime politique est l'influence des politiciens. Cette influence doit être appréciée différemment dans notre stade de transition, c'est-à-dire d'anarchie relative et plus tard. Aujourd'hui l'influence des politiciens peut défendre dans certains cas un fonctionnaire contre l'arbitraire administratif et contre les abus de pouvoir des chefs d'administration. En ce sens le favoritisme politique lui-même peut avoir son utilité, en limitant et en corrigeant dans une certaine mesure le favoritisme proprement administratif (népotisme, socerisme, camaraderies d'administrateurs). Le fait d'opposer un arbitraire à un autre arbitraire est sans doute un piètre moyen de défense pour le fonctionnaire. Cela vaut mieux quand même que d'être soumis à un arbitraire unilatéral. Suivant les cas, un fonctionnaire peut s'appuyer sur les politiciens pour se défendre contre l'arbitraire administratif ; ou s'appuyer sur l'administration pour se défendre contre l'arbitraire des politiciens.

Il est toujours excellent pour l'individu que les pouvoirs politiques ou sociaux soient divisés et, si possible, en rivalité, afin de les opposer l'un à l'autre et de les utiliser l'un contre l'autre. Cela est de bonne guerre. Aujourd'hui cette tactique est parfois encore possible, bien qu'elle ne soit pas à la portée de tout le monde. Mais il est à prévoir qu'avec l'avènement de majorités de plus en plus compactes, cette situation changera. Le pouvoir des politiciens deviendra de plus en plus omnipotent et il arrivera à être sans frein comme sans contrepoids. Les places et les fonctions publiques seront entièrement à leur discrétion comme cela a lieu déjà partiellement en Amérique.

Le fonctionnaire retombera alors sous une domination unilatérale et ne pourra même plus opposer un arbitraire à un autre. La division des pouvoirs cessant, ce sera la tyrannie parfaite. Nous ne croyons donc, en aucun cas, au rôle libérateur de l'État.

Les politiques libéraux (de Benjamin Constant à Taine et à M. Faguet) ont vu les inconvénients de l'excès du pouvoir gouvernemental et ont été ainsi amenés à prendre en mains la défense des organismes intermédiaires entre l'individu et l'État (grands corps constitués, en particulier corps savants). Mais ces grands corps sont eux-mêmes imbus de l'esprit unitaire et conformiste. Ils supposent une hiérarchie, une réglementation, une tradition. Ils ne sont pas moins ennemis de l'indépendance individuelle que l'État lui-même.

La solution syndicaliste qui consiste à opposer les syndicats au gouvernement n'est pas beaucoup plus favorable à la liberté des individus. On sait que les syndicats sont des petits États très tyranniques. La fédération de ces syndicats constituerait un État syndicaliste qui tolérerait les dissidents et les indépendants encore beaucoup moins que l'État bourgeois actuel.

Enfin, pour terminer par le troisième et dernier point que nous avons indiqué au début de ce chapitre, nous remarquerons que la pratique politique en vigueur dans la démocratie (suffrage universel, parlementarisme, action des partis, des ligues, des comités, etc.) tend tout entière et aboutit à asservir les individus à des groupes, à des mots d'ordre de groupe, à des influences collectives et anonymes.

Le suffrage universel représente une moyenne d'opinion dans laquelle mon opinion personnelle est comme noyée et annihilée. Ma liberté politique se réduit à voter tous les quatre ans pour un candidat que je n'ai pas choisi, qui m'est imposé par un comité que je ne connais pas ; — sur des questions qui ne m'intéressent peut-être pas, alors que d'autres questions qui m'intéresseraient ne sont pas posées devant le suffrage universel.

La classification des partis s'impose à moi toute faite. Tant pis si aucun des partis ne répond à mes aspirations. C'est sur des questions la plupart du temps factices, artificielles, sur de grossiers trompe-l'œil à l'usage de Pécus que se fait le classement des électeurs en deux ou trois troupeaux qui rappellent un peu trop les gros-boutistes et les petits-boutistes de Swift. M. Ostrogorski a bien raison de montrer que le système des partis « décourage, par le formalisme qu'il établit, l'indépendance d'esprit du citoyen, l'énergie de sa volonté et l'autonomie de sa conscience[1] ».

Joignez à cela la comédie des réunions publiques où l'on « fait » la salle, où tout est truqué et réglé à l'avance par des comparses. La réflexion personnelle, la lucidité d'esprit, l'indépendance du jugement sont des hôtes mal accueillis dans ces séances qui finissent généralement dans la plus horrible confusion. C'est quand personne ne voit plus goutte dans la discussion qu'on met la question aux voix[2].

L'individualisme est, en politique comme ailleurs, une protestation de l'individu contre les tyrannies de groupe. Nous distinguerons ici comme dans les chapitres précédents, deux espèces d'individualisme. Il y a un individualisme négatif, individualisme apolitique ou antipolitique, qui s'insurge contre toute organisation politique quelle qu'elle soit. C'est l'individualisme de Stirner ; c'est celui de Vigny pour qui la politique représente le triomphe le

---

1. Ostrogorski. *La démocratie et l'organisation des partis politiques.*

2. Parlant d'un récent « Congrès de la libre pensée », un publiciste écrivait récemment : « Ces mots hurlent de se trouver ensemble. La liberté ne fréquente pas les Congrès. Le propre des Congrès, c'est de voter des motions, des résolutions, d'imposer des solutions, toutes choses contraires à la liberté de la pensée ». (De M. Latapie, dans la *République française.*)

plus complet des « choses sociales et fausses ».

Il peut y avoir un individualisme qui n'est plus négatif et de pure abstention ou de pure révolte. Ici la liberté ne consiste plus à mépriser les lois ou à se révolter contre elles, mais à essayer d'influer, chacun pour sa part personnelle et selon ses forces et ses lumières sur la confection des lois. Un régime libre, d'après cette conception dont Stuart Mill donne assez bien la formule, est un régime qui permet à chaque citoyen de s'occuper des questions politiques et sociales qui l'intéressent et sur lesquelles il est suffisamment compétent. Cet individualisme admet l'État; mais il compte surtout sur les associations libres. Un pays où il y a beaucoup de ces associations permet aux individus d'agir sur la législation de l'État sinon directement, comme le citoyen de la cité antique, du moins indirectement par le moyen de l'association dont il fait partie et sur laquelle il peut lui-même exercer une action.

Cet individualisme ne dresse plus, comme le premier, l'individu contre la société dans l'ordre politique. Non seulement il se concilie avec une large participation de l'individu à l'activité politique; mais il recommande même cette participation. Toutefois toutes les difficultés ne sont pas aplanies. L'individu qui adopte et s'efforce de faire triompher cette conception sociale n'échappe pas aux inévitables conflits entre l'indépendance de l'individu et les exigences de tout groupement quel qu'il soit. L'individu, même très supérieur, et précisément dans la mesure où il est supérieur, doit sacrifier quelque chose de sa personnalité pour se mettre au niveau ou à l'unisson du groupe. S'il influe sur son milieu, ce milieu influe d'abord sur lui, l'entame, le limite et le rapetisse.

Les associations politiques auxquelles l'individu doit s'affilier sont forcément étroites, intolérantes; oppressives pour les dissidents et même pour leurs propres membres. Le mot de Vigny est éternellement vrai : « Toutes les associations ont les défauts des couvents ».

CHAPITRE X

L'ANTINOMIE JURIDIQUE

Le droit est en corrélation étroite avec les formes économiques et politiques. L'antinomie juridique n'est donc qu'un prolongement des précédentes antinomies.

Il est arrivé au droit ce qui est arrivé à la religion et à l'art.

Après avoir eu tout d'abord exclusivement le caractère d'une institution sociale, d'une force sociale contraignante, le droit est devenu de plus en plus un sentiment de la conscience individuelle. L'idée du droit s'est dissociée en deux idées secondaires : l'une, l'idée ancienne, celle du droit social, consigné dans les codes, garanti par la contrainte légale ; et l'autre, l'idée nouvelle, celle du droit individuel, du droit considéré comme un fait de conscience, une idée, une force intérieure qui pousse l'individu à soutenir certaines prétentions, à revendiquer certains avantages comme lui étant dus soit par ses semblables pris isolément, soit par l'ensemble de la société. Non seulement ces deux idées se sont dissociées de plus en plus dans les esprits, mais elles en sont venues à s'opposer l'une à l'autre. Le droit comme idée intérieure, comme sentiment individuel et volonté de revendication personnelle s'est trouvé en conflit avec le droit comme contrainte sociale. Auguste Comte a bien exprimé l'antinomie entre ces deux façons d'entendre le droit quand il a prononcé sa fameuse condamnation du droit individuel : « L'idée du droit, dit-il, est fausse autant qu'immorale, parce qu'elle suppose l'individualité absolue. » Auguste Comte veut dire que l'idée du droit individuel est une idée antisociale parce qu'elle est un principe au nom duquel l'individu se tient en état de révolte virtuelle constante contre tout ordre social, en état de mécontentement virtuel à l'endroit de toute législation existante. — Et sans doute ces deux idées du droit : l'idée du droit social et celle du droit individuel ont des points de contact et réagissent l'une sur l'autre. Le droit comme institution sociale n'est pas sans fortifier l'idée du droit individuel, en ce sens du moins qu'on conçoit difficilement ce droit individuel désarmé et démuni de tout pouvoir de se faire respecter, pouvoir qui suppose une coercition sociale. Inversement, l'idée du droit individuel n'est pas sans influence sur le droit social ; ce dernier devient moins rigide, moins brutal et moins autoritaire à mesure que l'idée du droit individuel gagne plus de terrain dans les consciences et relègue au second plan l'idée du droit social, sans toutefois la détruire entièrement.

Ainsi, en un sens, les deux idées se supposent et s'entr'influencent ; mais en même temps elles s'opposent, comme Auguste Comte l'a bien vu et cette opposition se retrouve dans tous les problèmes juridiques de l'heure présente. Il s'agit toujours dans ces problèmes, de savoir où cesse le droit de l'individu et où commence celui de la société ou inversement.

Cette limite est indécise et variable et les solutions apportées sont toujours provisoires, contestables et révocables.

Le conflit du droit social et du droit individuel est en perpétuel devenir. La marche du droit, comme celle de la religion et de l'art a été dans le sens de l'individualisme. Dans l'ancienne conception du droit, l'idée de l'institution sociale prime, domine et écrase l'individu de toute sa hauteur. La majesté de la loi ravale aussi bas que possible la faiblesse et l'insignifiance de l'individu. Dans *l'Humaine tragédie* de M. A. France, un juge dit à l'accusé : « Il te convient de souscrire à la sentence qui te condamne, car, prononcée au nom de la ville, elle est prononcée par toi-même, en tant que partie de la ville. Et tu y as une part honorable comme citoyen, et je te prouverai que tu dois être content d'être étranglé par justice... » — « En effet le contentement du tout comprend et renferme le contentement des parties et puisque tu es une partie, infime à la vérité et misérable de la noble ville de Viterbe, ta condamnation qui contente la communauté doit te contenter toi-même... Et je te démontrerai encore que tu dois estimer ton arrêt de mort aimable et décent. Car il n'y a rien d'utile et de convenable comme le droit, qui est la juste mesure des choses et il doit te plaire qu'on t'ait fait cette bonne mesure. D'après les règles établies par César Justinien, tu as reçu ton dû. Et ta condamnation est juste, par là plaisante et bonne. Mais serait-elle injuste et entachée et contaminée d'ignorance et d'iniquité (ce qu'à Dieu ne plaise), il te conviendrait encore de l'approuver... Car une sentence injuste, quand elle est prononcée dans les formes de la justice, participe de la vertu de ces formes et demeure par elles auguste, efficace, et de grande vertu. Ce qu'il y a de mauvais en elle est transitoire et de peu de conséquence et n'affecte que le particulier, tandis que ce qu'elle a de bon, elle le tient de la fixité et permanence de l'institution de justice et, par là, elle satisfait le général. En raison de quoi, Papinien proclame qu'il vaut mieux juger faussement que de ne point juger du tout; car les hommes sans justice sont autant que bêtes en forêts, tandis que par justice se manifeste leur noblesse et dignité[1]. »

-----

1. A. France. *Le Puits de Sainte-Claire, l'Humaine Tragédie.*

L'individu n'est rien ; il doit être trop heureux d'être sacrifié à la société et de jouer le rôle du guillotiné par persuasion.

Une pièce récente intitulée la *Maison des Juges*[1] décrit la mentalité juridique représentée en quatre générations de magistrats. Dans cette pièce, l'ancêtre, le vieux juge Petrus représente la raison d'État et le dogme de l'infaillibilité juridique. Bien que cette thèse soit mise à dessein par l'auteur dans la bouche d'un centenaire, elle n'est pas tout à fait abandonnée, même aujourd'hui. Si on ne condamne plus à mort, si on n'exécute plus pour la raison d'État, il reste que pour la raison d'État on serait parfois tenté de cacher la vérité, lorsque, socialement, la vérité n'est pas bonne à faire connaître. Le conflit de l'intérêt social, que ce soit l'intérêt de l'État ou l'intérêt de certains groupes influents dans l'État, et le droit individuel n'est pas près de cesser.

Au fond, encore aujourd'hui, quelle est la fin du droit et de la justice ?

La fin de la justice n'est pas de donner satisfaction au sentiment de justice des individus (on a vingt-quatre heures pour maudire ses juges). Le juge se propose avant tout de régler un différend, de solutionner tant bien que mal un conflit.

Peu importe au fond que l'une des deux parties ou

1. De M. G. Leroux.

peut-être les deux se sentent et se croient, dans l'intimité de leur conscience, lésées par le jugement rendu. Le grand bienfait de ce jugement est de rétablir l'ordre troublé, de sauvegarder la paix sociale. Le mot célèbre de Gœthe pourrait servir d'épigraphe à tout libellé de jugement : « J'aime mieux commettre une injustice que supporter un désordre. » Le juge voulût-il donner satisfaction au sentiment de justice des individus, cette tâche dépasserait ses forces. Le juge ne peut descendre dans l'intimité des consciences, sonder les reins et les cœurs ; il ne peut apprécier que d'une façon très imparfaite et approximative les conditions, les circonstances, les mobiles d'un acte. Le juge applique un article du code à un cas donné comme le mathématicien applique une formule à un problème particulier. Mais la formule mathématique s'applique exactement tandis que l'article du code s'ajuste toujours assez mal au détail des faits. C'est pourquoi le juge ne doit pas y regarder de trop près. Sa fonction est de juger et il doit juger en tout état de cause. Ce dogmatisme juridique s'exprime naïvement dans l'article IV du Code civil qui enjoint au juge de juger coûte que coûte : « Le juge qui refusera de juger sous prétexte du silence, de l'obscurité ou de l'insuffisance de la loi pourra être poursuivi comme coupable de déni de justice. » Ainsi, en tout état de cause, la décision juridique doit être tenue pour bonne et elle doit l'être parce que, quelle qu'elle soit, elle vaut mieux pour l'ordre social que l'absence de jugement qui laisserait se perpétuer un débat et une cause de trouble.

De même que le juge ne peut arguer, pour s'abstenir de juger, de l'insuffisance de la loi, le justiciable ne peut arguer de son ignorance de la loi. On connaît la fiction juridique : « Nul n'est censé ignorer la loi » axiome aussi faux que cet article : « Tous sont égaux devant la loi ». Comme si les inégalités naturelles et les inégalités sociales ne rendaient pas évidemment utopique l'égalité devant la loi. Il y a antinomie entre l'idée de loi et l'idée d'individualité. La loi, c'est l'abstraction, l'individu, c'est la vie et la diversité de la vie. Les lois ne sont que des généralisations factices où l'on fait rentrer, en les bousculant et en les détériorant, le plus possible de cas particuliers ; d'où sous une apparente unité qui repose surtout sur des mots, des heurts constants, des contradictions perpétuelles de détail.

Il faut tenir compte aussi de la déformation spéciale subie par ceux dont la profession est d'appliquer la loi. La fonction arrive fatalement à dominer l'individu. On peut assister dans la salle d'audience à cette étrange comédie de deux hommes qui, par fonction, accusent et défendent, avec une égale émotion, un individu sur lequel ils pensent souvent tout le contraire de ce qu'ils disent.

Il est vrai que beaucoup de juristes, aujourd'hui

protestent contre le caractère mécanique de l'administration de la justice et réclament l'individualisation de la peine. Ils admettent qu'il ne doit plus y avoir élimination indistincte et mécanique de tous les individus qui ont troublé en quelque manière l'ordre public. Si les actes criminels sont peu divers, les processus psychiques qui les font naître sont nombreux. Il faudra distinguer les délinquants ; faire un triage entre eux, soigner, amender et réadapter ceux qui sont curables. Soit ; mais d'abord cette conception est loin d'être admise par tous les juristes. Ceux qui légitiment le châtiment par son exemplarité n'ont que faire de l'individualisation de la peine. Ensuite l'individualisation de la peine n'est jamais qu'une approximation, par suite de l'impossibilité où est le juge de pénétrer dans le secret des cœurs. Ajoutons que l'individualisation de la peine se fait trop souvent à rebours. On distingue des « catégories de délinquants » non d'après leur psychologie individuelle, mais d'après leur rang social, leur parenté ou leurs relations [1].

1. A propos d'un récent procès où le parquet avait fait un triage parmi les délinquants, poursuivant les uns comme meneurs, abandonnant les autres comme « menu fretin » un critique émet les réflexions suivantes : « Avec la nouvelle théorie, le parquet sortant de son rôle de poursuivant, se fait juge. Parmi les complices, il choisit ; il décide que celui-ci mérite d'être poursuivi et que cet autre ne doit pas être puni : et cela sans débats, sans avoir à donner les raisons de son choix : *sic volo, sic jubeo.* — Il est facile de voir les conséquences d'une telle théorie. C'est la porte ouverte à toutes les injustices. Prenons un exemple. Le

Tout droit est un droit de classe. Il protège la catégorie sociale dans l'intérêt de laquelle il est fait et refuse sa protection à ceux qui n'en font pas partie ou vivent en marge de cette catégorie.

Le droit bourgeois opprime le pauvre. Il protège les biens plutôt que les personnes. Le droit familial protége les gens mariés ; il traite le mariage comme un acte social, non comme un acte individuel. C'est pourquoi l'union libre n'a pas d'existence reconnue et ses conséquences sont presque traitées par le code comme des délits. Les enfants naturels, adultérins, incestueux, sont frappés d'une tare juridique. Le droit actuel méprise ou ignore l'individu en tant que tel ; il ne le protège qu'en tant que membre d'un groupe reconnu et autorisé. Même les lois les plus libérales, celles qui semblent relâcher quelque lien social (par exemple la loi du divorce) affirment encore en un certain sens l'asservissement de l'individu à la volonté collective. Elles l'affirment en ce sens qu'elles font partie d'un système général de contrainte. Prise isolément, la loi du divorce est une loi émancipatrice de l'individu ; mais elle forme bloc

parquet est saisi d'une affaire de mœurs où de nombreuses personnes sont impliquées. Il pourra donc choisir parmi les complices ceux qui seront poursuivis. Tout individu sans importance ou ennemi du pouvoir sera qualifié « grosse pièce » et renvoyé devant les tribunaux ; au contraire, celui qui aura l'avantage d'être protégé par une haute situation ou une parenté puissante sera rangé dans le « menu fretin » que le parquet néglige. *De minimis non curat prætor.* » (José Théry, *Questions juridiques*, Mercure de France, 16 mars 1908.)

en réalité avec l'ensemble des dispositions légales qui constituent une contrainte plus générale : le mariage civil. Elles ne sont qu'une pièce dans un système de servitude. Et l'individu, pour bénéficier de cette loi, doit se plier aux formalités obligatoires.

Le fait de recourir à la loi du divorce est ainsi un hommage indirect rendu à l'opinion, à la loi, au mariage en tant que lien légal, à toutes les puissances sociales.

Le droit nouveau qu'apportera l'avènement du quatrième État, le droit syndicaliste sera vraisemblablement fondé, tout comme le droit actuel, sur le mépris de l'individu en tant que tel. Le contrat collectif du travail supprime la liberté du travailleur isolé. Le syndicat entend exercer sur ses membres une domination unilatérale et illimitée. « Entrer dans une association, dit un juriste contemporain, ce n'est pas simplement signer un contrat ; c'est adhérer à une discipline, plus clairement devenir une cellule dans un organisme[1]. »

Résumons l'antinomie juridique. Elle oppose le droit individuel au droit social ; le sentiment de la justice, tel qu'il s'exprime dans la conscience de l'individu à l'idée de la justice considérée du point de vue social, idée qui se ramène à celle du main-

---

1. J. Cruet. *La vie du droit et l'impuissance des lois.*

tien de l'ordre ; l'idée d'individualité à l'idée de loi.

La revendication individualiste qui se dresse contre les contraintes légales peut revêtir deux formes : Il y a un individualisme négatif, individualisme à la Stirner ; individualisme de la révolte pure et simple, de la pure désobéissance aux lois.

Et il y a un autre individualisme, positif celui-là et évolutif, qui oppose à l'ancienne conception dog- matique et autoritaire du droit, une conception plus large, plus souple ; qui adapte le droit à la diversité des individus et des cas particuliers, au lieu de plier la diversité des individus et des actes humains à la règle inflexible du droit. Ici, selon la formule d'un juriste [1], « le droit ne domine plus les mœurs : il les suit ».

Cet individualisme insiste sur l'idée d'une évolution du droit, d'une individualisation croissante du droit. Ici l'antinomie entre l'idée d'individualité et l'idée de loi n'apparaît plus comme absolue. Le caractère absolutiste de la loi est atténué par plusieurs causes qui ont joué un rôle dans le passé et qui continuent encore à agir dans le présent. — L'une de ces causes est l'influence de la jurisprudence qui est une sorte de casuistique judiciaire, une adaptation du droit aux individus et aux cas particuliers. L'effort contemporain vers l'individualisation de la peine

_____

1. J. Cruet. *Loc. cit.*

est la manifestation la plus libérale de cette tendance devenue pleinement consciente d'elle-même. — Une autre cause qui tient en échec l'absolutisme juridique est la tendance naturelle des hommes à désobéir aux lois; c'est la pratique incessante, directe ou indirecte, ouverte ou sournoise, de l'illégalité. Cette tendance semble permanente, inévitable, indestructible, par là même normale et en un sens utile. Elle est favorisée en partie par le droit lui-même qui fournit au justiciable, par ses variations et ses contradictions, des moyens de tourner la loi, d'opposer la loi à elle-même, de passer à travers les mailles du code. « Il y a en quelque sorte, dit M. J. Cruet, une fonction juridique de l'illégalité, comme il y a une fonction intellectuelle de l'hérésie. » L'illégalité fait évoluer le droit; elle le renouvelle en le détruisant en partie. Elle appelle à l'existence juridique de nouvelles forces, de nouveaux besoins, de nouveaux sentiments qui veulent se faire jour. On peut dire que l'illégalité d'aujourd'hui prépare la légalité de demain. C'est ainsi que les syndicats ouvriers ont existé illégalement et en tournant la loi avant de conquérir l'existence légale.

Ainsi le droit, en évoluant, tend à atténuer l'oppression légale qu'il fait peser sur les individus. L'individualisme juridique est la philosophie du droit qui prend conscience de cette tendance, qui s'efforce de la favoriser et de la généraliser.

Toutefois ce serait s'abuser que de croire que les causes d'antinomies entre l'individu et le régime juridique tendent véritablement à disparaître par le bienfait de cette évolution du droit.

Les contraintes juridiques, comme les autres contraintes sociales, se déplacent plutôt qu'elles ne disparaissent ; les liens légaux se dénouent, se relâchent et reculent sur certains points ; mais ils se renouent, se renforcent et se resserrent sur d'autres points. Le droit syndicaliste qui se substituera au droit bourgeois actuel supprimera certaines servitudes juridiques ; mais ce sera pour les remplacer par d'autres. Évolution du droit n'est pas synonyme de libération de l'individu. Certains groupes peuvent se trouver favorisés par cette évolution ; mais les individus n'en subissent pas moins la pression de ces groupes eux-mêmes. « Le droit dit M. J. Cruet, ne domine pas les mœurs : il les suit. » Mais les mœurs sont elles-mêmes une contrainte sociale, aussi tyrannique et parfois plus tyrannique pour l'individu que le droit lui-même. En tous cas, le droit nouveau, en tant qu'il reflète les mœurs nouvelles, ne fait comme le droit ancien, qu'affirmer la suprématie de la volonté sociale sur la volonté individuelle.

Aucune évolution du droit ne supprimera non plus l'écart entre le sentiment de la justice, tel qu'il est ressenti par chaque conscience individuelle et la satisfaction que le droit existant donne à ce senti-ment. La fin du droit, quoi qu'on fasse, n'est pas de donner satisfaction au sentiment de justice éprouvé par les consciences individuelles, mais de sauve-garder l'ordre social.

CHAPITRE XI

L'ANTINOMIE SOCIOLOGIQUE

Abordons d'un autre point de vue le problème des conflits de l'individu et de la société. Considérons en elles-mêmes et pour ainsi dire *in abstracto* les lois sociologiques les plus générales que nous avons trouvées jusqu'ici impliquées dans les principales relations économiques, politiques, juridiques. Ces lois sont en assez petit nombre. Ce sont : 1° la loi d'intégration sociale ; 2° la loi de différenciation sociale ; 3° la loi de l'entre-croisement des groupes sociaux. Ces lois, d'après M. Durkheim et son école, sont proprement sociologiques en ce qu'elles se retrouvent dans tous les ordres de faits sociaux, en ce qu'elles régissent les masses sociales et sont indépendantes des individus qui les subissent.

Examinons la répercussion de ces lois sur les conditions d'existence des individus.

L'intégration, c'est la cohésion sociale ; c'est la pression exercée par le groupe sur les individus qu'il englobe. D'après M. Durkheim le processus de l'intégration sociale au sein d'un groupe donné se caractérise par un passage de la solidarité mécanique qui uniformise les individus à la solidarité organique qui les différencie en les adaptant de mieux en mieux à leur fonction sociale particulière. Cette dernière solidarité est propre aux sociétés déjà évoluées. Elle se caractérise par une diminution des contraintes matérielles et des pénalités légales et par un renforcement des sanctions morales (opinion). Selon M. Durkheim l'intégration sociale a des effets exclusivement bienfaisants pour l'individu. Une forte organisation sociale représente pour l'individu la condition optima. Le suicide s'explique par un défaut d'intégration sociale. La fréquence des suicides a pour cause l'anomie sociale, source d'anarchie intérieure, d'inquiétude et de trouble. Les suicides seraient plus fréquents chez les individus isolés, désintégrés, déracinés, laissés à eux-mêmes au sein des sociétés de plus en plus fortement intégrées (suicides plus fréquents chez les célibataires). — Cette thèse nous semble discutable. Les statistiques ne sont pas ici décisives. Il faudrait, par-dessous les statistiques, pouvoir pénétrer dans l'intimité des consciences, ouvrir les cerveaux et les cœurs. Si l'on connaissait les mobiles secrets des suicides, on verrait sans doute que plus de suicides sont causés par un excès que par un défaut d'intégration sociale. Par exemple, combien de suicides sont causés par la honte, par la crainte de l'opinion, par le respect des préjugés (suicides des filles-mères, des maris trompés), par le sentiment d'intolérabilité que le groupe, surtout les groupes étroits et fortement intégrés, crée autour de l'individu sur lequel pèse une réprobation ou un ridicule; par l'effort sournois ou violent du groupe pour éliminer l'individu qu'il a pris en grippe. On peut citer encore comme suicides dus à un excès d'intégration sociale les suicides de soldats qui ne peuvent se faire à la vie de la caserne; les suicides sont beaucoup plus nombreux dans la bourgeoisie que dans le peuple parce qu'on y a davantage le souci de l'opinion bourgeoise, de la respectabilité de classe, des préjugés mondains. L'attachement aux préjugés, le souci du qu'en-dira-t-on, multiplient surtout les suicides. Car peu d'individus ont la force d'esprit nécessaire pour mépriser l'opinion. On peut dire que le plus souvent les liens sociaux soutiennent l'individu comme la corde soutient le pendu.

On entend parfois par intégration sociale non la pression sociale au sein d'un groupe donné, mais la loi en vertu de laquelle des sociétés particulières s'agglomèrent et s'unifient pour former des sociétés de plus en plus vastes ou encore en vertu de laquelle de grands courants sociaux se forment, qui traversent à un moment donné toute une civilisation. Exemples : le christianisme dans l'empire romain;

le socialisme de nos jours dans l'Europe entière. —
L'intégration ainsi entendue rend-elle les individus
plus libres et plus heureux? — Sans douté, en un
certain sens, les grands courants d'idées philosophiques, religieuses et sociales peuvent avoir sur
l'individu une influence libératrice, en ruinant ou
en affaiblissant les disciplines anciennes et en
opposant à l'idéal étroit des sociétés existantes un
idéal d'affranchissement relatif. Le christianisme a
été une révolte morale des humbles et des pauvres
contre l'ordre établi. Le socialisme contemporain
est une révolte du prolétariat contre l'ordre économique existant. Mais ces révoltes collectives ne
sont pas un gage certain de liberté accrue pour les
individus. Le nouvel idéal social ne libère l'individu
qu'en tant qu'il se dresse contre l'ancien ordre
oppressif. Son avènement provoque une période de
transition, d'indécision et de fluctuations favorables
à la liberté individuelle. Mais bientôt l'idéal nouveau
s'incarne dans une organisation définie ; il suscite
à son tour une réglementation sociale ; il devient un
instrument de règne aux mains d'une hiérarchie.
Le christianisme primitif est devenu le catholicisme :
le socialisme à son tour ne triomphera qu'en devenant unitaire et autoritaire. — La loi d'intégration
sociale croissante peut donc amplifier les masses
sociales et élargir les courants sociaux ; elle peut
amener la formation de vastes groupements

d'hommes tels que les États-Unis d'Amérique ou
peut-être dans un avenir plus ou moins prochain,
les États-Unis d'Europe ; elle peut favoriser la formation de tel grand courant social ou religieux :
provoquer peut-être l'avènement du socialisme universel ; tout cela n'augmentera pas nécessairement
la somme de liberté ni la somme de bonheur des
individus. Car le bonheur, comme la liberté, est
chose individuelle. La liberté, c'est la diversité et la
faculté de manifester cette diversité. Le bonheur
suppose, lui aussi, la diversité des goûts et des préférences. Il varie avec les individus, l'un trouve son
bonheur où l'autre ne trouve que souffrance et
ennui. Ceux qui aiment l'uniformité trouveront
quelque satisfaction dans l'avènement d'un vaste
régime social unitaire : ceux qui se complaisent
dans la diversité en souffriront. Le mot de Renan
est très juste : « Il est devenu trop clair, dit-il, que
le bonheur de l'individu n'est pas en proportion de
la grandeur de la nation à laquelle il appartient[1]. »
La loi de différenciation sociale croissante, contre-
partie de la loi d'intégration, n'est pas non plus un
sûr garant de la liberté ni du bonheur des individus.

La différenciation dont il s'agit ici est une différenciation extérieure, technique, fonctionnelle, professionnelle. C'est une différenciation par professions

---

1. Renan. *L'Avenir de la Science*, préface, p. XVI.

ou par fonctions sociales. Or il n'est pas certain que cette différenciation sociale soit toujours calquée sur la différenciation native, physiologique, des individus sur la différence des aptitudes et des goûts. Bien loin de là. Nous avons vu, en économie, combien la répartition du travail social se fait au hasard ; combien il y a de vocations faussées, d'activités mal dirigées, d'aptitudes mal employées. — En admettant même que l'anarchie qui préside à la division du travail social s'atténue ou même disparaisse, en supposant qu'on arrive un jour à une correspondance mieux réglée entre les aptitudes des individus et l'emploi social de ces aptitudes, l'impuissance de la différenciation sociale pour assurer la liberté et le bonheur des individus et pour les harmoniser avec la société n'en apparaîtra que mieux. Car autre chose est la différenciation sociale ; autre chose la « différence » intime et profonde entre individus ; je veux dire la différence intellectuelle et sentimentale, la différence d'âmes. Cette dernière différence n'est pas affaire d'organisation sociale. Elle ne dépend pas de tel mode de division du travail social ; elle dépend de la constitution native ; elle réside dans le cerveau et dans les nerfs de chaque individu. La différenciation sociale ne différencie pas forcément les hommes intellectuellement et moralement. Un ouvrier fileur, un métallurgiste, un chemineau et un instituteur peuvent différer fort peu, intellectuellement et sentimentalement les uns des autres. Et s'ils diffèrent, cela ne provient d'ailleurs que de leur profession. La diversité profonde des âmes tient à d'autres causes qu'à des causes sociales. La division du travail, avec sa spécialisation à outrance, avec sa canalisation des activités dans certaines directions, n'assure nullement aux individus une vie intérieure plus riche, plus intense, plus profonde, ni plus originale. La division du travail proclame le néant de l'individu considéré du point de vue social. La division du travail ne suppose pas telle ou telle individualité en particulier : elle ignore les personnalités. Il lui suffit d'avoir un certain nombre d'hommes ; peu lui importe lesquels.

Ce que nous venons de dire de la loi de différenciation sociale peut être répété à propos de cette autre loi sociologique qui est, à certains égards, un corollaire de la précédente : la loi de l'entre-croisement des groupes.

Selon M. Bouglé, l'entre-croisement des groupes favorise la diversité et l'indépendance individuelle. Il agit comme un facteur puissant d'individualisation des esprits et des caractères. L'individualisme serait ainsi un produit et un bienfait social.

Il y a une part de vérité dans cette conception.

---

1. Cf. Bouglé. *Les conséquences morales de l'entre-croisement des groupes* (Revue bleue du 29 décembre 1906) et *Individualisme et sociologie* (Revue bleue du 4 novembre 1905).

L'entre-croisement des groupes peut contribuer à la libération de l'individu. La seule multiplication des groupements auxquels un même homme peut appartenir rend ces groupements à la fois moins exclusifs et moins oppressifs. La multiplicité des cercles sociaux auxquels il participe avertit l'individu des contradictions sociales, des conflits entre groupes et entre morales de groupe ; elle suscite en lui le doute sur le bien-fondé de ces morales ; elle arme l'individu de cette salutaire méfiance qui sera pour lui une défense et comme un bouclier contre les prétentions excessives de l'autorité sociale. — Ce n'est pas tout. L'individu peut mettre à profit l'entre-croisement des groupes pour opposer ces groupes les uns aux autres ; pour s'appuyer à l'occasion sur l'un d'eux contre les autres ; pour exploiter leurs rivalités, leurs défiances et leur hostilité réciproques, pour pratiquer contre eux, sinon le *divide ut imperes*, du moins le *divide ut liber sis*.

Je ne sais si M. Bouglé admettrait toutes les conséquences et toutes les applications possibles de la loi de l'entre-croisement des groupes dans cet ordre d'idées. Car il est telles de ces conséquences et de ces applications qui peuvent aller jusqu'à être nettement antisociales et servir délibérément à la satisfaction des désirs antisociaux des individus. Mais enfin, on peut les tirer, ces conséquences, et aussi utiliser ces applications avec un succès relatif. —

Encore ne faudrait-il pas s'exagérer la puissance et l'efficacité de cette tactique. La tactique du *divide ut liber sis* n'est pas toujours applicable. La société a pris ses précautions là-contre. — Nous avons vu, à propos de l'antinomie politique, que le principe de la séparation des pouvoirs (séparation du pouvoir exécutif et administratif d'une part et du pouvoir judiciaire de l'autre) nous avons vu que ce principe ne protège nullement l'individu qui appartient, comme fonctionnaire, à une administration de l'État. Car il est interdit au fonctionnaire de traduire ses chefs hiérarchiques devant les tribunaux pour un acte administratif (article 13 de la loi du 16-24 août 1790). — Ainsi, voilà un cas où un homme, relevant de deux organisations politiques : comme citoyen, de l'organisation judiciaire, et, comme fonctionnaire, de l'organisation administrative, se trouve mis dans l'impossibilité d'opposer ces deux organisations l'une à l'autre et de recourir à l'une contre l'autre. — D'une manière générale, on peut dire que le fait d'appartenir à plusieurs cercles sociaux ne protège pas toujours ni nécessairement l'individu contre la tyrannie, la malveillance ou l'hostilité d'une de ces sociétés et ne lui permet pas toujours de pratiquer contre elles le *Divide ut liber sis*.

En effet, deux cas sont à distinguer : premier cas, le plus fréquent. Les cercles sociaux dont fait partie l'individu ont des intérêts communs, une

discipline commune, des tendances analogues o[u]
convergentes. Par exemple, un homme fait partie
comme fonctionnaire, d'une administration d[e]
l'État ; de l'Université, je suppose. Il fait partie e[n]
même temps de l'armée comme officier de réserve[,]
d'une société de secours mutuels, d'un comité répu[-]
blicain ; d'un cercle artistique ou sportif ; il fai[t]
partie en même temps de la société mondaine (fonc[-]
tionnaire) de la ville où il réside. Il est clair qu[e]
ces différentes sociétés ont le même esprit, ou à pe[u]
près. Elles se répètent et se reflètent les unes le[s]
autres. Elles se recouvrent en grande partie. L'in[-]
dividu retrouve dans chacune d'elles, en partie[les]
mêmes associés ou collègues ; il y retrouve surtou[t]
les mêmes sentiments, les mêmes idées, la mêm[e]
morale, les mêmes préjugés, les mêmes mots d'ordre[.]
Cette multiplicité des cercles sociaux qui s'entre[-]
croisent dans sa personne n'est pas une diversit[é]
véritable. Et elle n'est nullement libératrice pou[r]
l'individu. Au contraire. Plus d'une fois il y a collu[-]
sion entre ces sociétés contre l'individu disqualifi[é]
pour une raison ou l'autre auprès de l'une d'entr[e]
elles ou mal vu de l'une d'elles. Si pour une raiso[n]
ou l'autre, un individu est mis à l'index dans un[e]
de ces sociétés, il est du même coup mis à l'inde[x]
dans les autres.

Ajoutons que les cercles sociaux tels que les admi[-]
nistrations de l'Etat, la « société » fonctionnaire

rayonnent sur le pays tout entier. L'individu qui s'est attiré la malveillance ou les rancunes plus ou moins intelligentes d'une de ces sociétés — tout en étant contraint par des raisons économiques, je suppose, d'y rester attaché — cet individu aura beau changer de résidence; il retrouvera dans sa nouvelle résidence les mêmes hostilités, la même mauvaise note administrative, sociale et mondaine qui l'aura suivi; la même défiance, le même mot d'ordre hostile, la même mise en quarantaine.

Un autre cas, il est vrai, est possible. C'est celui où l'individu appartiendrait à des groupes nettement divergents et même directement opposés ou antagonistes. Ici, les choses changent. Le fait de participer à des groupes opposés et hostiles peut être pour l'individu un moyen efficace de libération. Par exemple, un ouvrier, un employé peut appartenir à la fois à une administration et à un syndicat qui défend ses intérêts contre cette administration. Mais ce moyen ne va pas sans inconvénient pour l'individu. Le syndicat tend à accaparer l'individu; à l'englober tout entier, l'intérêt de classe primant les autres intérêts et la relation économique tendant à se subordonner toutes les autres relations. Cette tendance ne peut que s'accentuer avec le progrès des idées syndicalistes et socialistes et déjà elle se manifeste par des indices significatifs.

Il convient de remarquer enfin que l'individu ne

peut pas toujours aisément participer à des groupes franchement antagonistes. On ne peut décemment faire partie à la fois de la Confédération générale du Travail et d'une ligue pour la protection du capital ; de la *Ligue des droits de l'Homme* et de l'*Action française*. Pourtant l'extrême conséquence, possible et logique après tout de la loi sociologique de la multiplication des groupes serait la possibilité de changer de parti à volonté, selon son intérêt du moment ou même son caprice ou simplement par désir d'affirmer sa liberté ou enfin afin d'éviter la formation d'un groupe ou d'un parti trop puissant.

On voit que l'utilisation de la loi de l'entre-croisement des groupes comme moyen de libération individuelle a en réalité des limites et des limites assez étroites. Il faut tenir compte surtout de ce fait que parmi les groupes auxquels participe l'individu, il en est toujours un qui tend à dominer et à englober les autres. D'après M. Bouglé, ce groupe prépondérant est aujourd'hui l'État. M. Bouglé croit d'ailleurs que le triomphe de l'État rationaliste, moraliste et éducateur se fera pour le plus grand profit de la liberté des individus. Cela nous semble fort douteux ; car tout État est conformiste par définition. Il l'est plus ou moins, mais il l'est. En tous cas, si l'État domine de plus en plus et englobe de plus en plus les autres relations, la libération de l'individu ne sera plus un effet de l'entre-croisement des groupes.

Selon nous, l'individualisme sociologique de M. Bouglé qui consiste à faire de la libération de l'individu un produit social et un effet nécessaire du jeu même des lois sociologiques, cet individualisme méconnaît un fait psycho-physiologique capital. C'est que le véritable principe de la libération de l'individu n'est pas dans les conditions sociales extérieures à l'individu. Il est dans l'individu lui-même, dans sa physiologie, dans sa volonté native, présociale, d'unicité et d'indépendance. Si l'individu n'est pas, de lui-même, originairement et physiologiquement, un *Unique*, au sens qu'a ce mot chez Stirner, c'est-à-dire un être animé d'une personnelle volonté d'indépendance et résolu à ne pas se laisser aveuglement absorber par la société où les circonstances l'ont jeté, ni la loi de l'entre-croisement des groupes, ni aucune loi sociologique quelle qu'elle soit, n'aura la vertu de faire de lui un Unique. La multiplicité des groupes peut seulement lui fournir une occasion favorable et un moyen plus ou moins efficace de protéger son indépendance contre les empiétements de ces groupes, en les opposant les uns aux autres. Mais le fait même de recourir à cette tactique suppose chez l'individu une volonté antécédente (biologique et présociale) d'indépendance. Ce qui le prouve bien, c'est que des individus différents, soumis aux mêmes conditions sociales, englobés dans les mêmes arrangements sociaux et les mêmes implications sociales, ne réagissent pas de la même façon. Par exemple, dans une situation dépendante, les uns ne chercheront nullement à manifester une volonté d'indépendance. Ils ne sont capables, à l'endroit de l'opinion et de l'autorité, que d'un sentiment et d'une attitude : le respect et l'obéissance. Les autres s'efforceront de défendre leur individualité par tous les moyens ; n'étant pas les plus forts, ils biaiseront avec les contraintes sociales, ils s'ingénieront à trouver des fissures, des trous, dans le filet social ; ils se ménageront contre la tyrannie la plus gênante ou la plus menaçante des refuges, des alliés, des compagnons de résistance.

L'opposition des deux espèces d'âmes : les âmes grégaires et les âmes individualistes n'est pas une opposition sociale, mais physiologique. Elle n'est pas un produit des conditions sociales, mais une expression de l'intime physiologie des individus. A l'individualisme sociologique qui fait de la libération de l'individu un résultat du jeu mécanique des lois sociales et qui rapporte ainsi à la société elle-même l'honneur de cette libération, on peut opposer un individualisme biologique et psychologique qui fait appel à une volonté personnelle et présociale d'individualisation.

Signalons enfin, pour terminer cette revue des principales lois sociologiques dont l'action se fait sentir sur l'individu, une loi qui ne joue pas un rôle moins important que les précédentes : la loi de l'illusionisme social ou loi du mensonge de groupe.

Ces expressions : illusionisme social, mensonge de groupe, appellent quelques explications. Un mensonge et une illusion sont deux choses distinctes ; et il importe de savoir s'il faut dire mensonge de groupe ou illusion de groupe. Quand Nietzsche fait l'apologie de la fiction et de son rôle dans la vie sociale, il n'a pas suffisamment élucidé ce point ; car il emploie tour à tour et un peu au hasard les mots mensonge ou illusion. De même, quand un personnage d'Ibsen, Relling, du *Canard sauvage*, parle de mensonge vital, c'est plutôt illusion vitale qu'il faudrait dire.

Illusion ou mensonge, quel est celui de ces deux termes qui est le plus exact ? Cela dépend des cas. C'est tantôt l'un, tantôt l'autre de ces termes qui convient. Il y a des croyances collectives qui n'impliquent pas de la part de ceux qui les adoptent une imposture expresse, un dessein explicite de se duper soi-même et de duper les autres. Les groupes, comme les individus, ont une tendance à s'illusionner sur leur propre compte ; à se concevoir autres qu'ils ne sont, plus forts, plus grands, plus nobles, plus influents qu'ils ne sont (peuples qui s'attribuent une origine divine, qui attendent un

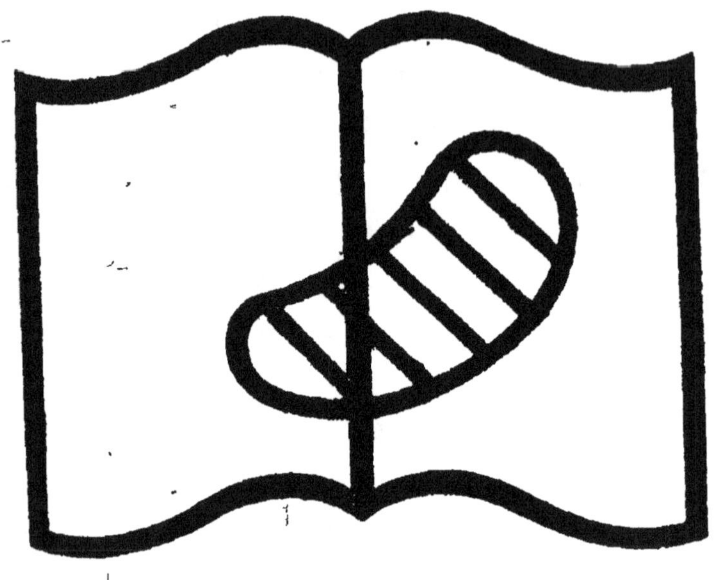

Illisibilité partielle

messie, etc. ; bureaucratie qui surfait de bonne foi son importance et ses mérites). Dans d'autres cas, il y a mensonge proprement dit : mensonge de groupe. Ce mensonge est une machine de guerre, un instrument de domination aux mains du groupe ; un moyen de défense du groupe contre les causes extérieures ou intérieures de destruction. Un groupe ment aux autres groupes, voisins, alliés, rivaux ou ennemis, soit pour se les concilier et les retenir dans son amitié, soit pour les intimider et les tenir en respect, soit pour justifier ses entreprises contre eux (prétextes humanitaires dont on colore les expéditions coloniales, etc.). Un groupe ment à ses propres membres : il répand parmi eux les mensonges utiles à l'autorité et rend ces mensonges obligatoires pour les individus s'ils ne veulent pas encourir de sanctions sociales désagréables.

Dans un groupe, quel qu'il soit, toute vérité n'est pas bonne à dire ; tout mensonge n'est pas bon à taire. Les lois de l'imitation s'appliquent ici. Le mensonge concerté d'abord entre quelques meneurs se propage dans tout le groupe. Ceux qui s'aperçoivent du mensonge n'osent pas y contredire, car les clairvoyants et les sincères sont mal vus.

Quand on parle ici de mensonge de groupe, il ne s'agit pas, dans un esprit de parti pris en faveur de l'individu, de doter l'individu de sincérité par contraste avec le groupe menteur. L'individu ment, dans bien des cas, en dehors de toute influence de groupe, en dehors de toute suggestion sociale et de tout impératif social. Il ment par intérêt égoïste ; il se ment à lui-même ; il ment au voisin ; il ment au groupe ; il biaise, il ruse avec l'autorité. Sa soumission est souvent apparente et cache des sentiments de révolte ou de secret mépris. Mais à côté des mensonges qui sont inspirés à l'individu par son égoïsme personnel, il y a des mensonges qui lui sont imposés ou suggérés par le groupe. Ce sont ces mensonges que nous appelons proprement mensonges de groupe.

Le mensonge de groupe se distingue du mensonge individuel par les caractères suivants : 1° par sa généralité ; il est commun à tous les membres du groupe ; sensiblement le même pour tous, alors que le mensonge individuel varie avec les intérêts différents des individus ; — 2° par son caractère de contrainte. Le mensonge individuel est celui dont l'individu prend l'initiative et qui est destiné à servir son égoïsme personnel. Le mensonge de groupe est imposé à l'individu par le groupe. Le fait de ne pas mentir avec le groupe entraîne pour l'individu des sanctions ; — 3° troisième différence qui résulte de la précédente : différence d'évaluation morale. Le mensonge égoïste est jugé répréhensible ; le mensonge de groupe est moral et méritoire. Ne pas mentir, ici, serait précisément l'immoralité. « Être véridique, dit Nietzsche, c'est mentir avec le troupeau. »

Il y a un mensonge de groupe négatif qui consiste à taire ou à dissimuler ou à nier une vérité fâcheuse ou gênante pour le groupe ou encore à ne présenter qu'un aspect des choses, l'aspect favorable aux visées du groupe et à laisser l'autre dans l'ombre. Il y a un mensonge positif qui consiste dans une entente, une complicité pour dénaturer et falsifier certains faits, pour évaluer faussement les actes et le caractère des gens, selon les intérêts et les passions du groupe.

Toute société vit d'illusion et de mensonge collectif. Elle a pour ennemies naturelles la clairvoyance et la sincérité des individus. Mais ces deux éléments : illusion, mensonge, sont malaisés à discerner dans les *choses sociales et fausses* comme les appelle A. de Vigny. — Le plus souvent, ils sont si bien emmêlés et enchevêtrés qu'il est impossible de déterminer la part exacte qui revient à l'un et à l'autre élément dans les croyances collectives. Ce mélange peut paraître difficilement intelligible à qui regarde les choses du point de vue de la pure logique intellectuelle, de la logique fondée sur le principe de contradiction. Mais les règles de la logique intellectuelle ne s'appliquent pas à l'esprit de groupe. L'esprit de groupe obéit à la logique du sentiment, du désir : à la logique de l'utilité qui se moque du principe de contradiction et ne s'effraie pas de l'illogisme. Les logiciens ont distingué les sophismes ou faux raisonnements faits dans l'intention de tromper autrui et les paralogismes ou faux raisonnements faits innocemment. Mais quand il s'agit de croyances collectives, cette distinction est vaine. La question de sincérité ne s'y pose pas avec cette netteté. Les croyances collectives ne se raisonnent pas et ne s'analysent pas. Celui qui croit ne se rend pas compte de sa croyance et il ne tient pas outre mesure à se rendre compte de sa croyance. La question ne se pose pas pour lui en ces termes tranchants : croire ou ne pas croire. On se contente de croire à demi : on croit une chose sans en être bien sûr et on y croit parce qu'on a intérêt à y croire, parce que cela est commode, parce que d'autres y croient, parce qu'il ne serait pas convenable de ne pas y croire. Et on a bien le sentiment au fond que toute cette croyance n'est pas bien sincère ni bien sûre d'elle-même ; ce qui n'empêche pas de l'affirmer, de l'afficher et de la proclamer comme sûre et indubitable. Il y a là une improbité intellectuelle qui est comme l'étoffe spirituelle dont sont faites les opinions et les croyances collectives.

L'individu qui pense sous la loi du groupe n'est plus entièrement lucide. Souvent il commence par adopter et par soutenir un mensonge de groupe, en sachant parfaitement que c'est un mensonge : puis, à force de l'entendre et de le répéter, il finit par oublier sa nature mensongère et par le soutenir *mordicus* comme une vérité. Le cas du menteur qui finit par croire à son propre mensonge n'est pas rare. Cet état d'esprit se rencontre chez le menteur de groupe, chez le menteur qui soutient un mensonge de groupe comme chez le menteur individuel, le menteur qui opère pour son compte personnel. L'homme qui pense sous la loi du groupe pourrait demander à tout moment : qui trompe-t-on ici ? Et il pourrait ajouter qu'il se trompe lui-même, plus ou moins sciemment et volontairement.

C'est par cela que l'esprit du groupe se complaît dans les idées vagues, dans les idées qu'on laisse volontairement inanalysées, parce que leur obscurité favorise l'illusion et la duperie mutuelle.

Les croyances de groupe s'attachent volontiers à quelque objet vague, mal défini, semblable à ce mythique Putois, héros d'un récit de M. Anatole France[1]. A Saint-Omer, tout le monde admet l'existence de Putois, bien que personne ne l'ait jamais vu. On l'admet parce que l'existence de Putois offre une explication commode de certains méfaits commis dans la ville et dont on ne trouve pas l'auteur. M. Bergeret père, pour être un bon Audomarois, admet comme tout le monde l'existence de Putois. Mais, bien entendu, il l'admet sans l'admettre ; il y

______

1. Dans *M. Bergeret à Paris*.

croit sans y croire. Il fait semblant d'y croire, par concession à l'opinion, par déférence pour l'opinion, déférence condescendante et un peu dédaigneuse. M. Bergeret est donc un bon Audomarois. Mais il n'est pas un très bon Audomarois. Car il aime trop à raisonner, à épiloguer sur l'existence de Putois. Être un excellent Audomarois consisterait à admettre l'existence de Putois, parce que les autres l'admettent, sans la commenter ni la critiquer, et à en arriver enfin à se persuader soi-même de cet article de foi.

Le mythe de Putois est un bon exemple pour faire comprendre la nature des mythologies à l'usage des groupes et destinées à théoretiser et à justifier la suprématie du groupe sur l'individu.

Considérons quelques-unes de ces idéologies.

Il y a l'idéologie solidariste qui consiste à voiler l'antagonisme foncier qui fait de chaque individu l'ennemi de tous les autres, pour déployer à nos yeux la solidarité qui les relie ; solidarité réelle assurément, mais qui n'est qu'un des côtés du tableau : côté qu'on se plaît à mettre seul en lumière, en laissant l'autre côté dans une ombre prudente.

Il y a l'idéologie rationaliste, qui consiste à soutenir qu'il existe une vérité sociale qui s'impose aux individus ; que l'ordre social est un ordre logique, rationnel, devant lequel l'individu doit s'incliner. — Il y a l'idéologie égalitaire, dépendance de l'idéologie rationaliste, qui prend la forme juridique (tous les hommes sont égaux devant la loi) et la forme politique (tous les citoyens sont égaux devant l'État). — Il y a l'idéologie moraliste, qui consiste à surfaire l'importance de la morale et son pouvoir sur la conduite. Toutes ces idéologies sont unitaires ; elles ont pour but de faire croire à l'unité intellectuelle, morale, politique, juridique, de l'espèce humaine ; à l'unité d'intérêts, de droits et de valeur morale des individus humains.

Dans toutes ces idéologies et d'autres similaires, il est difficile de faire la part du mensonge proprement dit et de l'illusion. Beaucoup de ceux qui enseignent ou soutiennent ces idéologies sont de bonne foi ; ils ne sont pas toujours entièrement de bonne foi. Ils sentent parfois vaguement qu'ils sont des avocats qui plaident une cause ; qu'ils parlent, non en individus pensant chacun à part soi, mais comme professeurs, membres d'un parti, d'une école, etc. ; qu'ils énoncent des lèvres des vérités auxquelles ils ne croient pas très fortement au fond du cœur.

Mais la discipline sociale est là, qui les invite à ne pas faire part officiellement aux autres de leurs doutes. C'est en ce sens qu'il est permis de parler du mensonge de groupe ou de demi-mensonge de groupe. En chacun de ceux, ou du moins chez certains de ceux qui sont les représentants d'une pensée de groupe, une dissociation doit forcément se produire à de certains moments entre l'être social qui pense sous la loi du groupe et l'individu indépendant qui a conservé en partie ou qui recouvre momentanément sa liberté de jugement et se moque au fond de lui-même de l'opinion qu'il se croit tenu d'afficher en tant qu'être social.

Les mythologies sociales dont on vient de parler ont un caractère abstrait et très général. Mais la plupart des mensonges de groupe servent un intérêt de groupe précis et bien déterminé. Tel est le cas du mensonge de groupe mis sur la scène par Ibsen dans son *Ennemi du peuple*. On est ici en présence d'une coterie et bientôt de toute une ville qui soutient un mensonge avéré et parfaitement conscient.

Bien des pratiques sociales, bien des usages conventionnels impliquent un mensonge sous-entendu auquel il faut déférer, sous peine d'encourir les sanctions du groupe. Vigny, lors de sa réception à l'Académie, s'attira l'inimitié de ses collègues en se refusant à l'usage qui voulait que le récipiendaire prononçât le panégyrique du roi. Dans tout groupe, il y a des mots d'ordre donnés, des jugements tout faits sur les gens et les choses. Une certaine insincérité collective est la base de tout esprit de corps. Ceux qui sont animés de cet esprit ont une prédilection pour certains objets et pour certaines qualités que possèdent ou sont censés posséder les membres du groupe. Et ils s'entendent par un pacte tacite pour accroître et au besoin pour surestimer, dans le monde, avec l'importance de ces qualités, l'importance de celui qui les possède. Qui, parmi ceux du groupe, n'accepte pas cette solidarité, qui n'attache pas l'importance qu'il faut aux qualités ou caractères possédés en commun est tenu pour félon et exposé à l'hostilité de tous les autres. — Et ici encore certes, il faut faire la part de l'illusion sincère ; mais aussi celle du mensonge de groupe est évidente. Elle apparaît dans des maximes comme celle-ci : « il ne faut jamais révéler les fautes d'un collègue ».

Voilà des faits qui semblent bien attester l'existence du mensonge de groupe. Maintenant, quelle interprétation convient-il d'en donner ?

Sur l'origine et la nature des croyances collectives, plusieurs opinions ont été soutenues. Les uns, comme Hobbes et Machiavel leur attribuent une origine purement artificielle et conventionnelle. Elles sont des mensonges fabriqués de toutes pièces par les prêtres, les rois, les chefs de groupe, pour duper les foules. La société est une « machinerie » plus ou moins savamment combinée. L'humanité se divise ainsi en meneurs et en menés, en dupeurs et en dupés [1].

Suivant M. Durkheim, rien n'est artificiel, rien

1. On peut rapprocher de cette opinion celle de Voltaire qui assigne l'imposture des prêtres comme l'origine des religions.

n'est truqué dans la vie sociale. Toute institution, toute croyance est un produit naturel des conditions d'existence sociales à un moment donné, dans un milieu donné. Étant un produit naturel et spontané du milieu social, une croyance collective est forcément sincère et véridique. M. Durkheim entend innocenter la société du reproche de rouerie. L'individu peut se fier à elle, s'abandonner naïvement à ses suggestions. « S'il est une vérité que la sociologie a fermement établie, c'est que la société a sur l'individu une supériorité qui n'est pas simplement physique, mais intellectuelle et morale, qu'elle n'a rien à craindre du libre examen, pourvu qu'il en soit fait un juste emploi [1]. » — La discipline sociale dans son ensemble, y compris les croyances sociales, est « fondée en raison et en vérité ».

Selon nous, ces deux opinions sont exagérées. — C'est aller trop loin que de soutenir, avec Hobbes et Machiavel, que tout est calcul, imposture, supercherie, à l'origine des croyances sociales. — Il conviendrait peut-être ici de faire une distinction entre les sociétés primitives et les sociétés très évoluées comme les nôtres. — Dans l'humanité primitive, l'imagination règne en maîtresse et son pouvoir d'illusion est à son maximum. D'autre part le besoin de croire est très grand et n'est pas combattu par

---

1. *Règles de la méthode sociologique*, p. 151. (F. Alcan).

l'esprit critique qui n'a pas encore fait son apparition.

C'est pourquoi il est probable que les premiers promoteurs des croyances collectives n'ont pas été des imposteurs, et qu'ils ont ajouté foi les premiers aux croyances qu'ils mettaient en circulation. De même, le groupe acceptait de bonne foi les croyances qui lui étaient suggérées.

A cette époque, on ne peut pas parler de mensonge de groupe. — Mais dans nos sociétés très évoluées, il n'en est plus ainsi. L'esprit critique est de plus en plus répandu, de plus en plus exigeant en fait de preuves. Les individus n'acceptent plus, les yeux fermés, les notions qu'on leur propose. Ceux d'entre eux qui acceptent les idées admises dans leur groupe savent la plupart du temps à quoi s'en tenir sur la valeur de ces idées. Ils savent que le voisin n'est pas plus sincère qu'eux-mêmes et tout le monde a conscience de la duperie mutuelle sur laquelle reposent les idées et les croyances conventionnelles. Les promoteurs des idéaux nouveaux ne sont pas plus sincères que les partisans des idéaux anciens. Tous n'ont au fond qu'une foi : la foi en l'utilité des simulacres et des faux-semblants. Ce qu'on appelle aujourd'hui pragmatisme n'est qu'une théorie et une apologie du mensonge utile. Car le pragmatisme consiste à présenter les idées socialement utiles, non comme utiles, mais comme vraies. Le pragmatisme, c'est l'utile prenant le déguisement du vrai pour mieux s'imposer aux esprits; c'est une utilisation de la force d'illusion incluse dans l'idée de vérité. Celle-ci est traitée comme un mythe utile, comme une machine de guerre au service d'une cause ou d'un intérêt de groupe [1].

La théorie de Hobbes et de Machiavel n'est exacte qu'en partie. Mais elle est exacte en grande partie. Elle ne s'applique pas aux sociétés primitives dans lesquelles la part du mensonge concerté et conscient est vraisemblablement assez faible. Mais elle s'applique bien aux sociétés évoluées. Celles-ci paraissent bien être en effet une « machinerie », une combinaison de mensonges de groupe dont l'origine doit être cherchée en partie dans des mensonges individuels qui se sont propagés et généralisés dans le groupe; en partie dans le besoin naturel qu'ont les hommes vivant en société de se fabriquer des mensonges sociaux et de se duper les uns les autres.

L'argument invoqué par M. Durkheim contre la théorie de Hobbes et de Machiavel ne nous paraît pas convaincant. M. Durkheim reproche à la théorie du mensonge social de se contredire en représentant l'individu se dupant lui-même bénévolement. « Ni Hobbes, ni Rousseau, dit-il, ne paraissent avoir

1. On peut citer comme exemple de tactique pragmatiste celle de M. G. Sorel recommandant l'idée de grève générale comme un mythe utile pour exalter les énergies révolutionnaires du prolétariat.

aperçu tout ce qu'il y a de contradictoire à admettre que l'individu soit lui-même l'auteur d'une machine qui a pour rôle essentiel de le dominer et de le contraindre[1]. » — S'il y a contradiction, répondrons-nous, cette contradiction est dans notre constitution mentale elle-même ; dans la dualité de notre être et dans l'antagonisme qui met aux prises en nous deux âmes opposées : l'âme sociale et l'âme individuelle. Nous ne sommes pas des êtres logiques et tout d'une pièce. Dans la mesure où nous sommes socialisés, nous avons une tendance à nous plier aux mensonges sociaux et à nous en faire les complices plus ou moins actifs et zélés. Dans la mesure où nous ne sommes pas socialisés et restons réfractaires à la vie sociale, nous répugnons à ces mensonges et nous nous insurgeons contre eux.

M. Durkheim déclare le mensonge de groupe impossible et inexistant, par la raison que les croyances collectives, étant un produit spontané d'un certain milieu social, sont par là même naturelles et véridiques. Cela n'est pas évident. « Naturel » ou « nécessaire » ne veut pas dire forcément véridique. — Quand un homme ment à son voisin (mensonge d'individu à individu ou mensonge individuel), ce mensonge a bien ses conditions d'existence. Il rentre évidemment dans le déterminisme universel et dans

----

1. *Règles de la méthode sociologique*, p. 149.

un déterminisme particulier qui est le système d'intérêts et de désirs propre à l'auteur du mensonge. Le fait d'être déterminé par un ensemble de conditions naturelles et nécessaires n'empêche pas ce mensonge d'être un mensonge et celui à qui on ment a raison de se défier du menteur. — Il en est de même pour le mensonge de groupe. Le fait d'être déterminé par un ensemble donné de conditions sociales ne transforme pas le mensonge de groupe en croyance véridique et sincère. Et l'individu a raison de se défier du groupe menteur.

L'individualisme est précisément cette attitude de défiance de l'individu à l'égard de la société. Mais nous distinguerons ici comme ailleurs deux variétés d'individualisme. L'individu peut se refuser au mensonge de groupe par simple égoïsme antisocial; pour donner satisfaction à ses instincts antisociaux; pour le plaisir de se distinguer du troupeau docile et d'exercer sur des conventions hypocrites et gênantes sa clairvoyance ironique. C'est là un individualisme tout négatif, amoral et stirnérien. — L'individu peut aussi s'insurger contre ces mensonges au nom d'un idéal de sociabilité supérieure; par désir d'une société plus éclairée, plus sincère et plus vraie. Tel est le cas du Dr Stockmann, l'*Ennemi du peuple*, d'Ibsen. Tel est le cas de Vigny dénonçant le mensonge social au nom d'un idéal de vérité et de sincérité.

Ce dernier individualisme n'est pas purement négatif et destructif ; il ne nie pas la société ; il désire l'améliorer et l'élever moralement. — Mais ce désir moral ne se réalise jamais que très imparfaitement. L'idéaliste qui aspire à une société plus sincère et plus vraie s'aperçoit bientôt que la société nouvelle qu'il souhaite et à l'avènement de laquelle il travaille peut-être, il s'aperçoit que cette société porte déjà en elle le germe logique et nécessaire des mensonges nouveaux qui remplaceront les mensonges anciens et périmés, que tout régime politique et social est menteur par essence (Vigny), que la duperie mutuelle est la loi de toute société et que le mensonge de groupe ne fait que changer de forme.

CHAPITRE XII

L'ANTINOMIE MORALE

La morale est l'expression, idéalisée et sublimée
de l'instinct social. C'est pourquoi on peut dire que
l'antinomie morale résume et couronne toutes les
autres antinomies.

La morale est la grande ennemie de l'individualité. Elle s'efforce, soit par commandement impérieux, soit par persuasion, d'amener l'individu à se
nier lui-même. Elle voudrait abolir dans les âmes
le sentiment de l'individualité, parce que ce sentiment a toujours, virtuellement au moins, quelque
chose d'antisocial; parce qu'il est un principe de
diversité et de lutte, un principe de résistance et de
désobéissance à la règle. — Sans doute, comme
l'homme est un être complexe, comme il existe en
lui deux âmes ennemies, l'âme sociale et l'âme individuelle, la morale a dû plus d'une fois tenir compte
de cette dualité de notre nature et faire certaines
concessions au sentiment de l'individualité. On
trouve par-ci, par-là, dans les doctrines morales,
particulièrement dans la morale stoïcienne et dans

la morale kantienne, un appel à l'idée de personnalité, à l'idée de liberté individuelle et d'autonomie individuelle. Mais si l'on y regarde de plus près, on voit bien vite que la personnalité glorifiée par les moralistes est toujours, au fond, l'essence idéale de l'humanité, la raison impersonnelle, une et identique en tous les individus. Au fond, on n'évoque l'idée de personnalité que pour la forme. Les hommages qu'on lui rend sont platoniques. Elle n'apparaît dans les théories morales que comme les statues du Bouddha dans les temples chinois. On leur brûle un bâtonnet d'odeur et on ne s'en soucie pas autrement.

Toutes les morales vont donc répétant à l'individu : « Ne t'attribue pas d'importance. Reconnais ta petitesse et ton insignifiance. Sacrifie-toi à la société qui est infiniment plus grande, plus durable, plus féconde, plus puissante et plus belle que toi. Si tu trouves la société actuelle trop imparfaite et indigne de ton sacrifice, sacrifie-toi du moins à une société idéale qui ne peut manquer de se réaliser un jour et que ton sacrifice aura préparée ». — Toute morale rentre dans le système d'illusionisme social que nous avons décrit plus haut ; ou plutôt elle en est la maîtresse pièce. Il s'agit pour les morales de faire jouer à l'individu le rôle du « guillotiné par persuasion ». Les formes de l'astuce des moralistes sont inépuisables. L'illusion spiritualiste consiste à exploiter l'instinct de survie des individus. Les religions et les morales proposent à l'individu l'immortalité conditionnelle. Elles lui mettent le marché à la main : « Survivre ; oui : tu survivras si… tu obéis. » — L'illusion messianiste qu'on retrouve dans les morales laïque et humanitaire ne diffère guère de la précédente illusion. « Sacrifie-toi, dit-on à l'individu, ne t'insurge pas contre la société injuste ; la justice régnera un jour. » — Comme si cette promesse n'était pas une dérision et une injure à cette idée de justice que l'on invoque. Car si la justice se réalise un jour, elle n'aura pas d'effet rétroactif ; le futur ne rachètera pas le passé et le contraste de la perfection de l'état futur avec l'imperfection ancienne ne fera que rendre plus sensibles les injustices passées et irréparables. — Spiritualisme, Messianisme, ce sont deux « stades de l'Illusion » dont parle M. de Hartmann. Les autres idéologies morales : idéologie de l'Intérêt général, de la Volonté générale, du Bonheur général sont fondées sur le même principe d'illusion ; sur la perspective d'une harmonie finale qui enchante les âmes et les plie à la loi sociale. Au fond de toutes ces idéologies on trouve le même sophisme, le même raisonnement en cercle. On suppose ce qui est en question, en établissant que le *véritable intérêt*, que le *vrai bonheur* d'un individu consiste à faire ce qui est utile à la société ; et partant de là, on déclare que tout individu qui agit différemment ne recherche qu'un *faux bonheur* et qu'il faut l'empêcher de nuire ainsi aux autres et à lui-même. Volonté générale, intérêt général, solidarité, ce sont là autant de fantômes idéologiques qui hantent et dominent l'individu de leur ombre redoutable, semblables au spectre Religion dont parle Lucrèce.

La théorie du Devoir un et absolu est un autre mensonge éthique supposé et réclamé par les précédents. En fait, pourtant, nous ne nous trouvons pas en présence d'un devoir unique et absolu ; mais en présence de devoirs multiples, relatifs, souvent divergents ou même contradictoires. On ne saurait accomplir un devoir qu'en en violant plusieurs autres. Le devoir de servir ma famille et mes amis contrarie mon devoir d'être juste envers tous. Mon devoir de respecter l'autorité nuit plus d'une fois au devoir de respecter et de dire la vérité. L'ouvrier en grève est pris entre son devoir envers sa famille et son devoir envers son syndicat. Ces conflits tiennent pour une bonne part à ce fait que l'individu fait partie de groupes multiples dont les intérêts ne concordent pas toujours.

Les moralistes ne peuvent nier ces conflits ; mais ils n'aiment pas à y attacher leur pensée. Ils ont généralement peu de goût pour la casuistique qui a l'inconvénient d'insister sur les imperfections de la solidarité sociale, sur les contradictions et les

incertitudes de la morale ; d'inviter par là même
l'individu à examiner de près son devoir, à le discuter et à composer avec lui. L'étude des cas de
conscience conduit à individualiser la morale, à
reconnaître qu'il y a autant de morales que d'individus, bien plus que le devoir varie avec les situations où l'individu se trouve engagé. C'est pourquoi
il est à peu près entendu parmi les moralistes qu'il
ne faut pas réfléchir beaucoup sur son devoir ; qu'il
faut l'accepter et l'accomplir sans discussion et sans
examen. Quand les moralistes consentent à examiner
ces difficultés, leur solution consiste à isoler arbi-
trairement un des devoirs de l'individu, à le considérer seul et à le tenir pour absolument sacré. Les
autres devoirs deviendront ce qu'ils pourront. Mais
surtout, encore une fois, qu'on ne discute pas. La
discussion morale est un prétexte que prend l'instinct égoïste pour résister sournoisement à l'instinct
social et pour ruser avec la règle.

Une triple influence a contribué ou contribue au
discrédit qui frappe aujourd'hui la casuistique : l'influence de la pensée universitaire ; celle de la pensée
politicienne et celle de la pensée ouvrière qui
représente actuellement le dernier terme de la pensée
démocratique.

La pensée universitaire, imbue de rigorisme kantien, est naturellement ennemie de la casuistique.

De plus, les moralistes universitaires, opérant

dans l'idéal et dans l'abstrait, n'étant pas d'ailleurs chargés par profession de surveiller et de diriger la pratique morale, ne se sentent pas obligés, comme l'étaient les directeurs de conscience, de rendre leur morale praticable ; de l'adapter à la diversité des circonstances et aux exigences de la faiblesse humaine. Il est naturel que des gens qui restent dans la théorie enseignent une morale austère, élevée, difficile et belle.

L'esprit politicien, qui pénètre tout de nos jours, est aussi pour quelque chose dans le discrédit de la casuistique. Les natures de politiciens démocrates sont volontiers simplistes, absolutistes et dogmatiques. C'est un scandale pour de tels esprits que de discuter son devoir et jeter par là un doute sur l'infaillibilité de la conscience et la certitude de la loi. Pour eux, on doit obéir à la loi sans discussion et sans examen ; à la loi morale comme à la loi civile. — Le rigorisme moral a enfin un appui, en dehors de l'Université et des politiciens, dans les classes ouvrières. Si le socialisme est, par certains côtés, d'inspiration sensualiste et matérialiste, il n'en incline pas moins, par un autre côté, vers un moralisme rigide, violent et autoritaire. L'ouvrier pénétré de la conscience de classe se fait de son devoir une conception absolue et intransigeante. M. G. Sorel a montré l'existence d'un « sublime » moral à l'état latent dans l'âme ouvrière ; d'une aptitude au sacrifice dans la lutte sans merci que la classe ouvrière soutient contre les classes possédantes qui représentent pour elle l'immoralité. — L'ouvrier anticlérical confond volontiers casuistique et jésuitisme ; de plus il est intolérant dans les choses qui touchent à la conduite comme dans celles qui touchent aux opinions et il ne respecte guère la liberté individuelle.

Cette dernière raison est d'ailleurs la raison profonde qu'on retrouve au fond de toutes les autres. La casuistique est regardée par ses ennemis comme une sophistique au service de l'instinct de liberté et d'anomie morale ; comme un prétexte qu'invoque trop aisément l'instinct égoïste toujours disposé à se dérober à l'autorité de la règle. Le grand grief qu'on a contre la casuistique, c'est moins d'avoir apporté souvent des solutions contestables, que d'avoir posé des problèmes inquiétants et d'avoir mis en honneur la discussion morale. Pour un fervent de la morale discuter le devoir, c'est déjà manquer au devoir ; c'est déjà un commencement d'anomie morale et d'immoralisme.

La tendance antiindividualiste de toute éthique s'exprime avec son maximum de force et de netteté dans la dernière venue des théories morales, la morale — science des mœurs, ou morale scientifique, ou morale sociologique qu'on pourrait appeler aussi morale sociocratique.

Cette morale renonce il est vrai à l'idée du devoir

un et universel. Elle admet une certaine diversité et relativité morale en raison de la diversité des « types sociaux ». Mais dans les limites d'un « type social » donné, les règles morales s'imposent à l'individu avec la nécessité d'une contrainte objective. Pour M. Durkheim, les règles morales expriment une force souveraine et toute-puissante devant laquelle l'individu n'a qu'à s'incliner. La volonté de Jehovah est remplacée par celle du groupe.

M. Lévy-Bruhl nous dit, il est vrai, que l'art moral déduit de la sociologie, ne sera pas impératif à la façon des religions, ni même des métaphysiques morales. Il n'intimera pas d'ordres ; il procédera par lentes pressions sur l'opinion publique, par propagande, par exhortations et conseils. — Cela revient à dire que l'art moral sera une morale persuasive et non une morale impérative. Soit ; mais comme le fait remarquer M. Faguet, l'art moral, s'appuyant sur des observations scientifiques, sur des statistiques, etc., ne manquera pas de se déclarer scientifique ; il se nommera art-moral-scientifique et se donnera l'autorité un peu insolente que se donne tout ce qui est scientifique ou qui croit l'être. « L'art moral ne sera pas impératif ; mais pour rébarbatif, je gagerais qu'il le sera[1]. »

M. A. Bayet manifeste, de son côté, une tendance

---

1. E. Faguet. *La démission de la morale*, p. 241.

à restreindre le champ d'action de l'art moral scientifique et à soustraire à son contrôle toute une part importante de la vie individuelle. Il y a, selon ce moraliste, toute une partie de notre être : la partie intime, la vie intérieure, la vie de la pensée et du sentiment devant laquelle s'arrêtera l'art-moral-scientifique.

L'art moral n'atteindra que les parties sociales de l'homme. La partie proprement individuelle, le for intérieur, lui échappera. M. A. Bayet laisse à chacun la faculté de cultiver, à ses risques et périls, son « jardin secret ». — « L'art social, dit-il, s'abstiendra d'intervenir aux heures douloureuses de la vie intérieure. Il laissera à chacun sa souffrance grande ou petite, humble ou tragique, intolérable ou légère, durable ou fugitive ; car aucun des intérêts dont il a la garde n'est engagé dans la forme que peut prendre une douleur individuelle [1]. »

Cette réserve faite en faveur du for intérieur de l'individu témoigne de l'esprit libéral de M. A. Bayet. Mais elle ne nous paraît pas d'accord avec la direction générale de la morale sociocratique. Il est dans la logique de cette morale de vouloir pénétrer malgré tout jusque dans l'intimité des esprits et des cœurs. En effet, on connaît le lieu commun des moralistes sur l'étroite solidarité qui unit la vie

1. A. Bayet. *La morale scientifique*, p. 169 (F. Alcan).

intérieure de l'individu à sa conduite extérieure et sociale. On déclare qu'il n'est pas une de nos pensées, un de nos sentiments, qui n'ait sa répercussión plus ou moins directe sur notre conduite et, par là, sur notre entourage. — Dès lors, comment l'art moral se désintéresserait-il de la vie intérieure, du « jardin secret » de l'individu ? Car c'est dans ce jardin secret que germent les semences qui s'épanouiront plus tard dans le grand jardin public de la vie sociale. L'art social reconnaîtra-t-il à des pensées nettement antisociales ou jugées telles le droit de s'exprimer (par exemple au pessimisme asocial ou antisocial, à l'immoralisme) ? Cela est douteux. On aurait vite fait intervenir ici le commode principe de la « direction normale » de la conscience collective et on déclarerait de telles dispositions intérieures peu conformes à la prétendue « direction normale ». Cela serait facile ; car le principe de la direction normale implique au fond l'obligation de penser comme tout le monde.

Aussi bien la concession faite par M. Bayet à l'autonomie individuelle est-elle précaire et toujours révocable. M. Bayet déclare en effet qu'en principe, dans tous les cas où il y a conflit entre l'intérêt du groupe et l'intérêt de l'individu, le premier peut être préféré comme étant l'intérêt de tous, même à certains égards de ceux qu'il lèse[1]. — Une fois ce

----

1. A. Bayet. *Loc. cit.*, p. 170.

principe admis, la vie intérieure elle-même, en tant qu'elle a des conséquences pour la vie sociale, risque fort de tomber tout entière sous les prises de la réglementation sociale ; et d'ailleurs, du moment que toute la conduite extérieure de l'individu est sujette à cette réglementation, n'est-ce pas une concession toute platonique, que celle qui consiste à lui laisser la liberté du for intérieur. C'est simplement, au fond, lui laisser les yeux pour pleurer.

La morale sociologique, se prétendant scientifique et objective, est fidèle à sa propre logique quand elle prétend éliminer de la morale le facteur personnel, l'évaluation personnelle, la réflexion et la décision individuelle. Mais c'est ce point essentiel qui est précisément le plus contestable. Les partisans de la morale sociologique oublient que le problème moral est un problème de valeur et qu'un pareil problème ne peut être solutionné au moyen de considérations purement objectives. Tout problème de valeur implique un élément subjectif[1] : un jugement porté par l'individu, jugement qui se surajoute aux faits eux-mêmes ; une préférence personnelle qui les qualifie. Il y a là une « addition arbitraire[1] », un « mouvement intérieur[2] »

---

1. Expression de M. Delbos : « La science objective des mœurs ne peut produire aucune règle définie qui prescrive à la volonté des fins à choisir — *sinon par addition arbitraire* ». (Cité par M. Faguet, *Démission de la morale*, p. 227.)

2. Expression de M. Faguet (*Démission de la morale*, p. 236).

qui dicte à l'individu son évaluation personnelle.

C'est ce qui fait que les solutions morales ne sont pas moins aléatoires dans la morale scientifique que dans les autres morales. Solidarité ou liberté, égalité ou inégalité, résignation ou révolte, moralisme ou immoralisme; ou, pour passer à des problèmes plus spéciaux, mariage indissoluble ou divorce facilité, condamnation ou légitimation du suicide, ce sont là autant de problèmes à solutions ambiguës que tranche au fond le jugement de l'individu et pour tout dire, en fin de compte, le tempérament de l'individu.

Cela est si vrai que les partisans mêmes de la morale scientifique ne s'accordent pas entre eux sur maintes questions. M. Durkheim par exemple est contre le divorce facilité; M. A. Bayet est pour le divorce par consentement d'un seul. M. Durkheim réprouve le suicide comme un attentat contre la société et contre l'humanité: M. A. Bayet l'admet comme un droit évident de l'individu.

Il y a dans les faits moraux une trop grande part de contingence pour qu'on puisse éliminer de la morale le facteur personnel. C'est l'évaluation individuelle qui décide en dernier ressort du bien et du mal.

En somme la morale sociocratique que ses partisans opposent aux anciennes métamorales est elle-même une métamorale. Elle suppose comme les anciennes métamorales un postulat métaphysique, c'est-à-dire subjectif, qui est ici le primat de la volonté collective sur la volonté individuelle et l'annihilation de cette dernière au profit de la première. A l'antique précepte théologique : « obéis à la volonté de Dieu » succède le précepte sociocratique, non moins métaphysique que l'autre : « obéis à la volonté du groupe ».

Contre les visées sociocratiques des morales, la protestation de l'individu qui veut être lui-même, qui veut tirer de lui-même ses sentiments et ses raisons d'agir et non les demander à des croyances religieuses ou à des impératifs sociaux, la protestation de l'individualité peut prendre deux formes. — Il y a un individualisme négatif qui est l'immoralisme pur et simple, la négation de toute idée morale considérée comme un préjugé destiné à asservir l'individu. L'immoralisme brutal et cynique de Stirner; l'immoralisme raffiné et narquois du dilettante social sont les deux variétés de cet individualisme. — Il y a d'autre part un individualisme aristocratique qui n'est pas de prime abord aussi nettement antisocial que le premier, mais qui le devient en fin de compte, par la force des choses. Cet individualisme nie la morale sociale régnante et peut-être même toute morale sociale; il la nie comme étant une morale de faibles, de médiocres, de lâches, de fourbes, d'hypocrites et de traîtres, la fourberie et la traîtrise étant une forme de la faiblesse (se rappeler la traîtrise de la femme. Beaucoup d'hommes sont d'ailleurs femmes sur ce point); il la nie comme étant une morale d'envieux, de gens jaloux de toute force et de toute supériorité de force, une morale de conformistes à la fois serviles et intolérants. A tous ces gens-là la vie en troupeau est nécessaire parce qu'elle est le champ où prospèrent les vertus à leur portée et que ne peut pas ne pas mépriser une âme forte, ayant le sentiment de sa force et de sa grandeur. — Mais au-dessus de cette morale misérable, par delà cette morale misérable, jalouse de toute force, de toute grandeur, de toute beauté individualisée et s'affirmant comme indépendante du troupeau, l'aristocrate conçoit une morale faite pour lui et pour quelques hommes, ses pareils; une morale de surhomme, morale que chaque surhomme concevra d'ailleurs à sa façon, à son image, et sous l'inspiration de son idéal personnel. Cette morale n'en présente pas moins, chez ses divers représentants, quelques traits communs; elle est, chez tous, individualiste. J'entends par là qu'elle glorifie la force individuelle; elle s'élève contre les coalitions grégaires qui s'efforcent d'opprimer par le nombre la force individualisée. Chez presque tous ses représentants, elle glorifie la sincérité, la noble franchise, compagne de la force; le courage qui aime et recherche la respon-

sabilité individuelle, qui ne s'abrite pas derrière
autrui.

> Les animaux lâches vont en troupe
> Le lion marche seul dans le désert
> Qu'ainsi marche toujours le poète [1].

Vigny insiste surtout sur les qualités de franchise
et d'indépendance morale. Gobineau sur les qualités
d'indépendance et d'énergie intelligente; Nietzsche
glorifie la force sauvage et indomptée, la volonté de
puissance des maîtres, destructrice et créatrice, qui
renouvelle le monde, parfois au prix de terribles
convulsions et de sanglantes hécatombes. Ibsen glorifie l'intelligence courageuse qui brise les vieux
cadres des civilisations, qui foule aux pieds les préjugés surannés et qui dresse sur leurs ruines une
vérité neuve et fraîche, destinée, il est vrai, elle
aussi, à vieillir et à périr. A travers ces différences
d'idéal, une valeur reste constante : la valeur de la
personnalité noble, de la personnalité fortement
individualisée, qui s'oppose au troupeau médiocre
et servile.

A vrai dire cette morale n'exclut pas d'une façon
absolue l'idée de société et de sociabilité. Parfois
même elle semble aspirer à une sociabilité supérieure, exempte d'hypocrisie, éprise d'intelligence
et de science (Vigny, *La bouteille à la mer*, *Le pur*

1. Vigny. *Journal d'un poète*.

Esprit); puissante par la science accrue et la solidarité élargie (Ibsen, l'*Ennemi du peuple*). Mais à vrai dire, ces velléités de sociabilité, ces espérances de sociabilité ou ces concessions à la sociabilité sont rares et précaires; bientôt vaincues par le sentiment individualiste et antisocial qui est au fond de la morale aristocratique.

Les vertus recommandées ou glorifiées par les grands aristocrates ne sont pas les vertus proprement morales, les vertus chrétiennes ou même stoïques (sauf parfois et en partie, chez Vigny) ; ce sont des vertus de force, des vertus conquérantes, des vertus amorales. L'individualisme aristocratique ne représente pas la supériorité de l'individu comme une supériorité morale (point de vue chrétien ou stoïcien, vertus de dévouement, de sacrifice, de renoncement); il la représente plutôt comme une supériorité de la force, de l'intelligence, de l'énergie indépendante, de toutes les facultés non proprement morales (point de vue de Gobineau, d'Ibsen, de Nietzsche). L'attitude de l'aristocrate est donc naturellement orientée vers l'individualisme amoral et antisocial. Car l'aristocrate, dans son conflit avec la société, ne pourra manquer de se préférer à la société; de préférer son propre idéal, c'est-à-dire le reflet de sa personnalité, à l'idéal social qu'il juge médiocre, faux et bas. Or ce conflit ne peut manquer de se produire. La foule déteste naturellement les aristocrates et la morale grégaire résiste à la morale aristocratique. Celle-ci se heurte à des résistances, à des hostilités sourdes et hypocrites ou encore à une force d'inertie, à une indifférence inintelligente qui découragent le novateur.

Le créateur de pensées s'aperçoit que ses pensées tombent sur un sol ingrat et qu'elles perdent, en y tombant, le meilleur d'elles-mêmes. L'aristocrate en arrive à perdre la foi sinon dans ses propres pensées, du moins dans leur efficacité sociale et il n'a plus de refuge que dans l'individualisme pessimiste dont Vigny et Gobineau restent les parfaits prototypes, dans la tour d'ivoire du penseur misanthrope où les esprits blessés trouvent un dernier, hautain et silencieux abri.

CHAPITRE XIII

CONCLUSIONS

Examen des diverses solutions données au problème des antinomies. — L'individualisme, conclusion de notre théorie des antinomies.

Arrivés au terme de notre analyse des antinomies, nous devons, pour fixer nos conclusions, examiner quelques questions d'ordre général.

1° Dans quelle mesure le mot antinomie convient-il pour désigner les conflits ou désaccords
entre l'individu et la société?

2° En quel sens convient-il d'entendre l'antinomie?

3° Les antinomies proposées comportent-elles
une solution?

4° A quelle espèce d'individualisme conduit la
constatation d'antinomies insolubles?

Une première question est celle de savoir si le
mot antinomie est bien celui qui convient pour désigner les conflits qui peuvent s'élever entre l'individu et la société. On peut distinguer ici deux sens
du mot antinomie : un sens strict ou absolu et un
sens large ou relatif.

Au sens strict, antinomie signifie qu'une chose en exclut une autre et que si l'une est, l'autre n'est pas. — Si l'on donne au mot antinomie ce sens absolu, on ne peut parler d'antinomie entre l'individu et la société; car en fait l'individu n'existe jamais et n'a probablement jamais existé à l'état isolé. Individu et société sont deux réalités qui existent concurremment et qui se supposent l'une l'autre, tout en s'opposant l'une à l'autre. — Il convient de remarquer d'ailleurs que dans l'ordre concret, dans l'ordre des réalités vivantes et agissantes, le sens relatif du mot antinomie est le seul acceptable. Il ne peut être question d'antinomies au sens absolu qu'à propos de thèses et d'antithèses métaphysiques, telles que celles que Kant a mises aux prises, vainement d'ailleurs, dans sa *Critique de la Raison pure* et qui ne sont que des couples de notions contradictoires érigées en absolus, chacune de son côté, par la vertu d'un artifice dialectique. — Pris au sens relatif, le mot antinomie signifie que deux choses sont dans un rapport tel que le développement de l'une se fait aux dépens du développement de l'autre, que la pleine affirmation de l'une contrarie la pleine affirmation de l'autre, que l'une *tend* à détruire ou du moins à amoindrir et à affaiblir l'autre. C'est en ce dernier sens que nous prenons ici le mot antinomie. Antinomie veut dire ici antagonisme virtuel ou actuel, désharmonie foncière, conflit inévitable entre deux choses d'ailleurs corrélatives et inséparables.

Maintenant l'antinomie entre l'individu et la société prend une signification différente, selon qu'on
la considère d'un point de vue subjectif ou d'un
point de vue objectif.

Entendue dans un sens subjectif, elle se pose
dans le for intérieur des individus. Chaque homme
un peu individualisé est, à cet égard, comme une
« maison divisée ». Deux âmes cohabitent en lui, à
la fois indissolublement liées et irréductiblement
hostiles : l'âme sociale et l'âme individuelle. Nous
sentons très bien ces deux âmes opposées vivre côte
à côte en nous, se mêler, se pénétrer, ruser l'une
avec l'autre, se tendre des pièges, se jouer de mauvais tours. Notre vie morale n'est que la suite des
péripéties de cet interminable duel. Les deux génies
qui sont en nous sont habiles à se donner le change ;
ils vont parfois jusqu'à s'emprunter leurs points de
vue et leurs arguments pour mieux se duper l'un
l'autre. Plus d'une fois l'individu qui ne cherche
dans ses attaques contre la société qu'une satisfaction de ses désirs antisociaux se persuade à lui-
même qu'il obéit à une préoccupation de justice
sociale, qu'il poursuit un idéal de sociabilité supérieure. Et par contre, tel autre qui prétend ou qui croit
même poursuivre un but social, un idéal politique
et moral supérieur, ne recherche au fond qu'une

occasion de renverser ce qui existe et jouit surtout du plaisir de la destruction.

L'antagonisme de ces deux âmes ne se fait d'ailleurs pas jour chez tous les hommes avec une égale intensité. Ceux chez qui l'antinomie arrive à son point culminant de sensibilité douloureuse sont des âmes complexes et délicates, ayant à la fois un besoin profond d'idéal, des aspirations vers une sociabilité supérieure, et un vif sentiment de l'individualité, un esprit d'indépendance qui les prédispose à souffrir des contraintes, des tyrannies et des hypocrisies inséparables de toute vie sociale (Vigny par exemple).

L'antinomie peut, en second lieu, être entendue dans un sens objectif. Elle est alors un conflit entre l'individu isolé et le groupe ou les groupes dont il fait forcément partie.

D'un côté, il y a un individu isolé, différent par hypothèse, des autres ; conscient de cette différence et entendant y persévérer ; un individu dissident ou révolté qui, en suite de son attitude, est plus ou moins mal vu, plus ou moins vilipendé et persécuté par le groupe. — Et d'autre part il y a le groupe conformiste et tyrannique, armé de ses sanctions. Ici, je ne suis plus en discorde avec moi-même. Je me heurte bel et bien à une force étrangère, extérieure à moi, et différente de moi et qui me fait très bien sentir son existence par les représailles qu'elle exerce au besoin contre moi. Force d'ailleurs incommensurablement supérieure à moi en puissance, en étendue, en durée, en ressources; ce qui ne m'empêche pas de lui résister, parce que je sens que lui céder serait m'annihiler dans ce que j'ai de plus intime et de plus précieux : le sentiment de mon indépendance et de mon existence personnelle.

Enfin, en se plaçant encore au point de vue objectif, on peut constater, au sein même de la société, un conflit au moins virtuel entre deux espèces d'esprits ou, si l'on préfère, entre deux types de tempérament : le tempérament ou le caractère social (ou grégaire) et le caractère individualiste. Cette différence n'est pas l'effet de la vie sociale et, de même, elle résiste à l'expérience de la vie sociale. Car la marque d'un véritable caractère est l'imperméabilité à l'expérience. L'individualiste, par exemple, reste individualiste, quelle que soit son expérience des inconvénients pratiques de cette attitude morale quand on est forcé de vivre en l'état de société. Au reste, ces deux sortes d'esprits ne peuvent guère s'entendre, ni se convaincre. Leur façon de sentir la vie et la société est trop différente.

Les solutions données au problème des antinomies peuvent se ramener à trois.

1° Il y a une première solution qui consiste à considérer l'homme comme un être naturellement social.

C'est la solution de Guyau et en général des sociologues qui admettent l'existence d'une sorte d'altruisme et de socialisme primitif (ce dernier mot pris au sens le plus large). — Dans les sociétés primitives l'individu aurait très peu existé ou même pas du tout.

L'individu n'était pas individualisé ; il était absolument absorbé dans la solidarité inconsciente de la tribu. — Il nous paraît difficile d'admettre à aucun moment une socialisation aussi complète de l'individu. Chez le sauvage même le moins individué, les mouvements de la peur, de la colère, de l'instinct sexuel, de la jalousie, procédaient bien sans doute d'un désir égoïste, si peu conscient de lui-même qu'ait été cet égoïsme. Les trangressions à la coutume sociale, pour rares qu'elles fussent, ne devaient pas être absolument inconnues. Quoi qu'il en soit, aujourd'hui, nous sommes des êtres en partie seulement socialisés. Nous sentons très bien les deux âmes rivales : l'âme individuelle et l'âme sociale, s'opposer en nous. Et leur antagonisme ne semble pas près de finir.

2° D'après A. Comte et Spencer, il n'y a pas de solution de continuité entre l'individu et la société. Au début, il est vrai, la nature humaine n'était pas aussi altruiste, ni aussi socialisée qu'elle l'est aujourd'hui. Mais elle était virtuellement sociable et altruiste. Et ces virtualités devaient se développer plus tard selon une évolution continue et définie. D'après Comte, l'humanité tend à réaliser de plus en plus ses virtualités altruistes. Selon Spencer l'humanité a débuté par l'égoïsme ; mais elle portait en elle le germe de l'altruisme. L'égoïsme primitif s'est transformé et se transforme de plus en plus en altruisme. L'individu peut de moins en moins s'isoler d'autrui, s'opposer au groupe, se refuser à la solidarité. Il en a aussi de moins en moins la tentation. Les antinomies qui se manifestent encore entre l'individu et la société tiennent à une adaptation incomplète et inachevée ; elles seront aplanies complètement un jour par la vertu de l'évolution fatale et bienfaisante.

Cette théorie, fort différente de celle de Guyau, et même, à certains égards, opposée à celle de Guyau ne nous paraît pas plus exacte. Il n'est pas nécessaire d'insister longuement sur ce qu'a de contestable l'optimisme fataliste de Comte et de Spencer. Un fait très important à opposer à ces deux philosophes, c'est que l'égoïsme et l'individualisme ne semblent pas perdre du terrain dans l'humanité, bien au contraire. L'égoïsme revêt des formes plus subtiles, plus compliquées, plus délicates et plus profondes. Il se fait de plus en plus conscient, voulu, il devient égotisme, c'est-à-dire égoïsme théorétisé, volonté de différence et d'isolement, dilettantisme amoral et antisocial. Aujourd'hui, plus qu'elle ne l'a fait jamais, l'âme individuelle s'oppose à l'âme sociale. L'individu regimbe contre le groupe, se cabre contre la solidarité ; il a le sentiment qu'il peut traiter avec le groupe d'égal à égal et que le groupe n'est rien de moralement supérieur à lui ; il lui rend à l'occasion mépris pour mépris, sarcasme pour sarcasme. L'irrespect à l'égard des décisions des groupes est un sentiment qui tend à prédominer chez des âmes très cultivées et très délicates. Il est certain que si l'individualisme antisocial ne gagne pas en étendue (car l'esprit grégaire est toujours très puissant dans les masses médiocres et moyennes), il gagne du moins en profondeur, en intensité et en lucidité.

3° D'après M. Durkheim, s'il n'y a pas à proprement parler solution de continuité entre l'individu et la société, du moins, selon ce philosophe, le « social » est d'un autre ordre que le psychologique. Il obéit à des lois propres et irréductibles à celles de la psychologie individuelle[1]. La société est une entité distincte des individus ; extérieure à eux et qui leur impose des modes d'action et de pensée qu'ils n'auraient pas sans elle.

La vie collective n'est pas un simple prolongement de la vie individuelle ; elle est quelque chose de nouveau ; une puissance *sui generis* qui se forme

---

1. *Règles de la méthode sociologique*, p. 128.

en dehors et au-dessus des individus ou plutôt qui coexiste avec eux ; car jamais on n'a connu d'individus vivant dans l'isolement. L'individu, toutefois, est, originairement, et reste toujours plus ou moins réfractaire à la discipline sociale : il ne peut la sentir sans regimber contre elle ou du moins sans en éprouver la tentation. A l'origine même des sociétés il n'y a jamais eu de parfait conformisme, de complète absorption de l'individualité, de parfaite soumission à la discipline du groupe[1]. Le groupe qualifie *crimes* les infractions à la discipline ; or le crime, d'après M. Durkheim, est un phénomène sociologique normal ; il atteste donc comme un fait normal et universel la résistance des individus à la discipline du groupe. Il semble résulter de tout cela que M. Durkheim admet un conflit possible entre l'individu et le groupe ; une résistance possible de la part de l'individu. Mais ajoutons de suite que, selon M. Durkheim, la lutte est tellement inégale, la puissance de la société est tellement écrasante, que l'individu, s'il a quelque bon sens, doit bientôt reconnaître sa faiblesse et s'incliner devant la société. Après quelques velléités de résistance, l'individu ne peut manquer de se soumettre. « Pour amener l'individu à se soumettre de son plein gré, il n'est nécessaire de recourir à aucun artifice ; il suffit de

1. Voir *loc. cit.*, p. 86.

lui faire prendre conscience de son état de dépendance et d'infériorité naturelles — qu'il s'en fasse par la religion une représentation sensible et symbolique ou qu'il arrive à s'en former par la science une notion adéquate et définie[1]. » La science sociologique assumera donc la même fonction qu'ont assumée jusqu'ici les religions ; elle courbera l'individu devant la société. La morale sociocratique est, comme les morales religieuses, une morale de la crainte et de l'automatisme.

La position de M. Durkheim nous paraît différer à la fois de celle de Guyau et de celle de Spencer. M. Durkheim n'admettrait pas avec Guyau que l'homme, l'individu, est spontanément sociable et altruiste, qu'il est socialisé d'emblée et qu'il ne peut y avoir conflit entre l'individu et la société et résistance sérieuse et profonde de l'individu à la société. Il admet l'existence de ces résistances mais il croit en même temps que la société est armée pour les mater.

D'autre part M. Durkheim nous paraît différer de Spencer en ce qu'il n'admet pas, comme ce philosophe, une solution globale, unique et universelle du problème des antinomies, solution obtenue par le jeu mécanique de la loi d'évolution et valant pour l'humanité entière devenue finalement altruiste.

---

1. *Règles de la méthode sociologique*, p. 150.

Au lieu de cette solution unique et en quelque sorte rectiligne, M. Durkheim admettrait plutôt des évolutions partielles, variables avec la structure des sociétés et leurs conditions d'existence, chaque société se défendant comme elle l'entend et se créant son système de contraintes et de sanctions efficaces contre l'individu. La contrainte et l'obéissance forcée nous paraissent jouer un plus grand rôle dans la morale de M. Durkheim que dans celle de Spencer et surtout de Guyau. L'altruisme spontané y joue, par contre, un rôle moindre. Dans la morale sociocratique de M. Durkheim comme dans la morale chrétienne, l'individualisme reste le péché originel et indélébile qu'il faudra toujours combattre.

La solution de M. Durkheim nous paraît moins utopique que celle de Guyau et de Spencer; plus modeste et plus conforme à l'esprit scientifique, en ce qu'elle ne prédit pas le règne de l'altruisme universel. — Toutefois M. Durkheim nous semble trop compter sur les sentiments de résignation et d'obéissance que doit engendrer, selon lui, dans les âmes des individus, l'expérience des contraintes sociales et de la toute-puissance de la société. L'imperméabilité à l'expérience est la marque des vrais caractères. Chez les tempéraments individualistes, l'expérience des contraintes et des sanctions sociales, loin de provoquer la résignation et l'obéissance, ne provoque que la résistance, la révolte ouverte ou secrète.

L'individualisme originel résiste chez eux âprement et reste sinon invaincu, du moins indompté.

De telles âmes ne se laisseront pas persuader aisément de la supériorité intellectuelle et morale de la société; elles continueront à voir dans cette dernière une machinerie plus ou moins habile destinée à mater et à duper les individus et le sentiment qu'elles éprouveront vis-à-vis d'elle sera surtout la défiance.

Selon nous l'antinomie reste insoluble, ne comportant ni la solution globale et utopique des Guyau et des Spencer, ni la solution plus modeste de M. Durkheim obtenue par la vertu des contraintes sociales, des religions et de la morale sociologique. C'est que nous sommes des êtres partiellement socialisés sans doute, mais trop individualisés malgré tout pour nous absorber sans résistance dans la société. En nous l'âme individuelle subsiste à côté de l'âme sociale. La pression sociale, si écrasante ou si habile et astucieuse qu'elle soit ne triomphera pas vraisemblablement de ce qu'il y a d'incompressible malgré tout dans l'individu, à savoir l'individualité elle-même.

Notre théorie des antinomies justifie l'individualisme comme attitude de l'individu en face de la société. Mais comment entendre cet individualisme?

Nous écartons d'abord bien entendu l'individualisme sociologique de M. Draghicesco qui nous paraît un simple jeu de mots. Car cet individualisme revient à dire qu'un homme est d'autant plus individualisé qu'il est plus semblable aux autres ; d'autant plus différencié qu'il est plus conforme et plus confondu dans la masse, d'autant plus original qu'il est plus banal.

Nous écarterons de même ce que certains philosophes appellent l'individualisme *du droit*[1]. On entend par là l'individualisme qui proclame l'identité essentielle des individualités humaines comme êtres raisonnables et par suite leur égalité au point de vue du droit. Cette doctrine n'a d'individualiste que le nom. En effet elle insiste exclusivement sur ce qu'il y a de commun chez les individualités humaines ; elle néglige de parti pris ce qu'il y a en elles de divers, de singulier et d'unique ; bien plus elle voit dans ce dernier élément une source de désordre et de mal. Elle proclame la nécessité d'une discipline sociale rationnelle. Ce rationalisme sociologique et moral est plutôt une forme de l'humanisme ou du socialisme (au sens large du mot) qu'un véritable individualisme. Tout rationalisme sociologique et moral est une expression de la volonté sociale d'un groupe ; une affirmation de la domination de la société sur l'individu.

Il y a maintenant l'individualisme que nous appel-

---

1. V. Bouglé. *Individualisme et sociologie*, Revue bleue, 4 novembre 1905.

lerons individualisme uniciste. C'est l'individualisme de la différenciation pure et simple, de l'unicité. Cet individualisme n'est plus sociologique, mais physiologique.

Il ne considère plus l'individuation comme un produit social, comme un résultat d'un certain degré de différenciation et de complication sociales ; mais bien plutôt comme une idiosyncrasie native, inscrite dans la constitution, dans la physiologie même de l'individu. Cet individualisme n'est plus rationaliste, mais irrationaliste. Il nie toute certitude rationnelle, tout dogmatisme sociologique et moral au nom duquel la volonté sociale s'arrogerait le droit d'im+ poser son autorité aux individus. Comme nous ne saurions jamais suivre à l'infini le retentissement de nos actes et comprendre leur rapport avec l'ensemble des choses, comment pourrons-nous jamais avoir une certitude sur la valeur morale de ce que nous faisons ? Aucun système rationaliste n'a donc autorité pour régenter la conduite de l'individu. Chacun doit être libre de conduire sa barque, à ses risques et périls et de chercher son bien à sa façon.

L'Unicisme est un individualisme de la force et non plus du droit. L'Unique aspire naturellement à déployer sa force, à épanouir, sans souci des conséquences sociales, ses tendances quelles qu'elles soient. Aussi bien, l'idée de contrat, base du droit, gêne-t-elle l'individu dans sa spontanéité et son instantanéité. L'Unicisme conséquent supprime les contrats [1].

Enfin l'Unicisme est un individualisme de l'isolement et de l'hostilité d'un contre tous. Se sentir et se vouloir différent, se décerner ce brevet de différence, n'est-ce pas s'égaler à toute la société, n'est-ce pas du même coup supprimer, pour soi du moins, les obligations du pacte social? Pourquoi en effet respecterions-nous ce pacte s'il est l'œuvre de gens avec lesquels nous n'avons ou ne voulons avoir rien de commun?

L'individualisme uniciste revêt d'ailleurs autant d'aspects particuliers qu'il y a de modes possibles de différenciation pour les individus. — Un homme ne peut voir le monde, un homme ne peut penser exactement comme un autre homme ; de là un individualisme intellectuel. — Un homme ne peut sentir exactement comme un autre ; de là un individualisme sentimental. — Un homme ne peut avoir exac-

1. Il est curieux de rencontrer chez Descartes, contre les contrats, un argument identique à celui que donnera Stirner. C'est cette idée que, sujets à changer, nous agissons d'une façon déraisonnable quand nous nous lions pour l'avenir. « Je mettais entre les excès toutes les promesses par lesquelles on retranche quelque chose de sa liberté... A cause que je ne voyais au monde aucune chose qui demeurât toujours en même état, j'eusse pensé commettre une grande faute contre le bon sens si, pour ce que j'approuvais alors quelque chose, je me fusse obligé de la prendre pour bonne encore après, lorsqu'elle aurait peut-être cessé de l'être ou que j'aurais cessé de l'estimer telle. » (*Discours de la Méthode*, 3° partie.) Cette pensée est grosse de conséquences et les réserves dont Descartes l'accompagne ne lui ôtent rien de sa portée subversive.

tement les mêmes raisons d'agir qu'un autre ; de là un individualisme moral. — Un homme ne peut avoir exactement la même manière de sentir la beauté qu'un autre ; de là un individualisme esthétique. — Un homme ne peut avoir exactement les mêmes intérêts qu'un autre ; de là un individualisme économique. — Un homme ne peut avoir exactement la même puissance, ni par conséquent le même droit qu'un autre ; de là un individualisme juridique ou antijuridique, comme on voudra. — Ainsi dans les différents ordres de pensée et d'activité, l'individualisme uniciste nie tout idéal collectif : idéal intellectuel, sentimental, moral, esthétique, économique, juridique, politique. Il est purement négatif et destructif. Il représente une pure attitude d'abstention sociale ou de révolte antisociale, une mise en théorie de la désobéissance et de l'insoumission, un mépris philosophique des conventions sociales, de la morale, du droit, du pacte social tout entier.

Il y a enfin un autre individualisme moins simpliste et moins élémentaire que le précédent, un individualisme qui n'est plus purement négatif et destructif, purement antisocial comme le précédent, mais qui semble compatible, au moins dans une certaine mesure avec l'idée d'un lien social et d'une culture humaine. C'est l'individualisme aristocratique.

Les partisans de l'individualisme aristocratique reprochent à l'individualisme uniciste d'être trop modeste et trop vague dans sa revendication en faveur de l'individualité. En effet cette revendication, disent-ils, porte sur une différenciation très générale et très vague. Elle aboutit à une abstention paresseuse ou à une révolte stérile. Reprendre éternellement le *leit-motiv* de l'unicité est le fait d'un individualisme sans intérêt, sans portée, sans grandeur et sans noblesse. Il est vrai que deux hommes ne voient pas de la même façon la même feuille d'arbre et qu'ils n'apprécient pas exactement de la même manière la distance entre deux arbres. Mais c'est là un élément bien petit et bien faible d'originalité. C'est une originalité au rabais; c'est un minimum d'originalité ; c'est une originalité très commune et très banale puisqu'elle appartient à tous les hommes sans exception, qu'ils le veuillent ou non.

Il peut y avoir une conception plus complexe, plus riche et plus intéressante de l'originalité.

L'homme supérieur dans l'individualisme aristocratique, n'est pas celui qui nie tout lien social et toute culture ; c'est celui qui résume en lui la culture d'une époque, mais en la dépassant et en y ajoutant, en la marquant du sceau de sa personnalité. Un Léonard de Vinci, un Gœthe sont des totalisateurs en même temps que des créateurs de valeurs; mais ces valeurs qu'ils résument en eux, ils les incorporent et les subordonnent à leur individualité; ils les grandissent de toute leur propre grandeur. Ceux-là sont les individus supérieurs, les maîtres, les surhommes. Le surhomme représente le point culminant de la culture d'une époque, tout en s'opposant sur certains points à cette culture. Cet individualisme de la grandeur humaine ne nie plus tout idéal; il suppose au contraire un idéal de culture progressive. Il représente, dans l'ordre intellectuel, un effort vers la plus grande science, dans l'ordre esthétique, un effort vers la plus grande beauté, dans l'ordre économique un effort vers la plus grande, richesse considérée elle-même comme un moyen pour la plus grande puissance; dans l'ordre politique, un effort vers la plus grande initiative et la plus grande responsabilité chez les maîtres et les créateurs de valeurs; dans l'ordre moral, un effort vers une affirmation plus intense de la vie, de la grandeur humaine et de l'orgueil humain. Cet individualisme est un impérialisme intégral, une philosophie de la vie intense et de la volonté de puissance triomphante, une philosophie du surhomme.

Y a-t-il quelque trait commun entre ces deux individualismes : l'individualisme uniciste et l'individualisme aristocratique? On peut, ce semble, en trouver quelques-uns. D'abord l'individualisme uniciste est déjà virtuellement un effort vers une affirmation plus intense et plus complète de soi. L'Unique aspire à se distinguer des autres et à primer les autres ; il aspire à plus d'indépendance et de puissance ; il revendique sa « différence » comme un gage de supériorité et un principe d'aristocratisation.

Un autre trait commun à l'individualisme uniciste et à l'individualisme aristocratique est un antichristianisme et un immoralisme déclaré ou latent.

Pour la conscience moderne, antichristianisme et immoralisme se confondent ou à peu près. Les deux idées de christianisme et de morale ne sont pas dissociées. Peut-être ne le seront-elles jamais. Notre morale moderne, même quand elle s'intitule rationaliste et scientifique, n'est pas autre chose qu'un prolongement de la morale chrétienne, une transposition de la morale chrétienne, une théorie seulement modifiée et rajeunie des valeurs morales chrétiennes : sacrifice de l'individualité, égalité des hommes, effacement de l'individu devant la communauté ; soumission à l'autorité, autrefois l'autorité religieuse ; maintenant l'autorité sociale. Le point d'aboutissement logique de cette morale est un mysticisme social, une religiosité sociale qui divinise la société et invite l'individu à s'incliner devant elle comme devant le moderne Jéhovah. A ce mysticisme social, l'individualisme, soit uniciste, soit aristocratique, oppose son athéisme social, son impiété sociologique, son irrespect des idoles sociales ; irrespect fondé sur un sentiment profond de l'individualité, sur la volonté de sauvegarder les valeurs individuelles : énergie, indépendance, orgueil et noblesse personnels et de les défendre contre les prétentions de plus en plus envahissantes de la morale de groupe[1].

C'est pourquoi au fond de l'un et de l'autre individualisme on retrouve le même sentiment d'une antinomie entre l'individu et la société. Dans l'individualisme uniciste, cette idée est évidente. L'individu naît et demeure l'ennemi de la société. L'individualisme aristocratique semble compatible au premier abord avec le souci d'une culture humaine et d'une civilisation progressive. Mais l'antinomie entre l'individu et la société ne tarde pas à se faire jour. La sociabilité supérieure rêvée par l'aristocrate contraste trop avec la société réelle, toujours grégaire, inintelligemment conformiste, ennemie des supériorités et amoureuse de la médiocrité. En face du surhomme et contre lui, la société

1. L'antichristianisme et l'antisociétisme immoraliste se combinent à doses variables chez les principaux représentants de la pensée individualiste. Stirner est un athée absolu dans l'ordre social et moral comme dans l'ordre religieux. Stendhal est, comme Stirner, un athée en tout genre. Vigny a abandonné le poin de vue chrétien. Il voit les cieux vides ; il oppose « le dédain à l'absence » et il professe pour la moderne idole : la société, le même dédain que pour l'ancien Jéhovah. Nietzsche déprécie les valeurs chrétiennes et les valeurs sociales modernes qui en procèdent. Gobineau déprécie comme Nietzsche le christianisme et ses valeurs morales et n'admet d'autre supériorité que la supériorité ethnique. Ibsen définit l'héroïsme non par une supériorité morale (point de vue chrétien) mais par une supériorité de force (énergie, intrépidité, intelligence).

représente un principe de stagnation et de résistance. Elle s'oppose de toutes ses forces au novateur
qui froisse ses sentiments, ses habitudes, ses préjugés, qui alarme ses intérêts. Le plus souvent les
individualités supérieures sont sacrifiées aux médio-
crités de la vie sociale qui les entoure. L'homme
supérieur, d'ailleurs, ne travaille pas pour la société
qu'il juge souvent peu intéressante, mais pour le
surhumain, c'est-à-dire pour son surhumain à lui,
pour son idéal personnel de grandeur. L'homme
supérieur ne peut pas ne pas souffrir de ce conflit
entre ses aspirations et son milieu et finalement,
quelles que soient sa force et sa supériorité, il suc-
combe dans la lutte. L'individualisme aristocratique
s'achève logiquement par le pessimisme social, par
le sentiment d'un conflit où l'individualité supérieure est fatalement vaincue.

TABLE DES MATIÈRES

ÉVREUX, IMPRIMERIE CH. HÉRISSEY, PAUL HÉRISSEY SUCC[r]